a Stefano e Sara

Alla base dell'impresa

Un modello manageriale per le p.m.i.

Indice

Prefazione

Questo libro si rivolge in modo particolare, ad imprenditori e dirigenti e più in generale, a tutti coloro che, rivestendo ruoli di responsabilità, in piccole e medie aziende di produzione industriale, gestiscono e guidano il lavoro di altre persone; a chi tali posizioni si prepara ad occupare, o ad esse aspira.

Gli argomenti trattati intendono definire gli elementi portanti di una struttura, la base, come recita appunto il titolo, su cui costruire e sviluppare l'impresa. Nel doppio significato di azienda e di sfida per la competitività.

Il tema, fa perno sull'agire dell'imprenditore, del manager e del suo staff, poiché è il vertice aziendale a determinare questa base, a creare i presupposti dei risultati.

Tutti i responsabili sanno bene che i consuntivi di una gestione industriale potranno essere tanto più soddisfacenti, quanto più elevato risulterà il livello della qualità proposta al mercato, in termini di prodotto e servizio, in rapporto ai costi sostenuti per ottenerla. Certamente meno chiaro sarà il percorso per raggiungere l'obiettivo, la quantità e l'entità degli ostacoli che si verranno ad incontrare.

Le numerose variabili, interne ed esterne a ciascuna azienda, impongono ad ogni manager di fissare una propria rotta, la cui specificità, anche se non si discosterà troppo da quella di altre realtà, potrà comunque dare la sensazione di un percorso isolato, solitario, lungo il quale non sia possibile contare su aiuti esterni. Per molti aspetti bisognerà certamente riuscire a sbrigarsela da soli tuttavia, in tante situazioni, i principi ed i concetti sviluppati in queste pagine, focalizzati sulla dirigenza e perciò indipendenti dal prodotto o dalle caratteristiche del processo industriale, potranno rappresentare un utile riferimento all'impegno manageriale, di qualsiasi realtà produttiva. Un aiuto concreto a creare i presupposti, a gettare le basi insomma, di una buona riuscita dell'impresa.

Gli obiettivi del libro sono due, in così stretta correlazione da poter essere considerati, al tempo stesso, presupposto e conseguenza, uno dell'altro: il primo, è quello di porre i responsabili dell'azienda, nelle condizioni di dare il meglio di sé stessi e di ottenere il meglio dagli altri.

Il secondo obiettivo, è costituito dalla creazione di un ambiente evoluto, in grado di far impennare il livello della competitività aziendale. Per un'industria che affronta il mercato globale di oggi, ostico ed aggressivo come mai, la vita, ma soprattutto la crescita, il successo dell'azienda, dipendono infatti dalla sua capacità di competere, di migliorarsi continuamente, giorno per giorno.

La soddisfazione di questa imprescindibile necessità ha un passaggio obbligato:

‹il miglioramento aziendale può scaturire solo dal miglioramento dei suoi responsabili›.

La priorità del concetto appare evidente, almeno in linea teorica, anche se è raro vederla riconosciuta come tale. Nonostante la razionalità del rapporto di causa / effetto che intercorre fra i due fatti, essa non viene, in genere, riconosciuta come mossa decisiva, semplicemente perché è difficile che chi opera le scelte - il management, appunto - abbia sufficiente consapevolezza dei propri limiti.

È molto facile, quindi assai probabile, che venga esclusa a priori la possibilità di rappresentare, esso stesso, un ostacolo al pieno sviluppo dell'azienda. Rimane peraltro il dato di fatto, incontrovertibile, che:

‹il grado di competitività di un'azienda, è determinato dal livello professionale dei suoi manager›.

L'intenzione è dunque quella di far emergere le caratteristiche di un management di alta qualità con un percorso che prendendo spunto dalla realtà della fabbrica, porti in evidenza i criteri attraverso cui sia possibile superarne le criticità e le problematiche. L'evolversi dell'analisi porterà progressivamente a definire, la cornice di un quadro gestionale, un metodo di lavoro, uno stile dirigenziale, in grado di guidare con successo l'azienda. Verranno esaminati e ponderati, i compiti del management, identificate le priorità, verificate le competenze necessarie attraverso cui perseguire la soddisfazione degli azionisti.

Si affronteranno anche gli aspetti particolari e per certi versi delicati dei casi, peraltro assai frequenti, in cui dei ruoli non di vertice siano ricoperti dall'imprenditore stesso o da qualche suo familiare, ponendone scrupolosamente in luce aspetti e riflessi, pro e contro.

Il libro fa riferimento ai tratti essenziali della mia esperienza di dirigente di media industria, proposti come spunto di riflessione, come possibile contributo alla gestione delle vostre aziende. Viene fornita una testimonianza su cosa si possa fare per ottenere buoni risultati dalle persone (non dico "il meglio" perché quello è un obiettivo costantemente attivo) senza rischiare di stressarle, ma creando piuttosto le condizioni per un loro arricchimento, innescato ed auto-alimentato dalla spirale virtuosa costituita dalla formazione continua, dal coinvolgimento e dalla partecipazione attiva, da un buon clima aziendale, dalla coerenza fra il dire ed il fare, fra pianificato e consuntivo, fra obiettivo e risultato.

L'augurio è che i concetti e gli strumenti qui esposti possano costituire un piano aggiuntivo a quel grattacielo di conoscenza e competenza professionale che ciascun responsabile deve continuare ad innalzare, *vita natural durante*.

Parte prima

1. Il personale

Particolare considerazione ed attenzione vengono riservate alla gestione del personale, riconoscendo ai buoni esiti di questo compito, un sostegno decisivo all'operato del manager. Si tratta di un impegno che non si può considerare semplicemente uno fra i tanti, di una mansione direttiva. Le persone ‹sono› l'azienda perciò, sotto molti aspetti, sono da considerare il punto di riferimento più elevato.

I capi spesso se ne scordano, collocando se stessi, in un mondo diverso, in una sorta di olimpo. Non si vedono nel gruppo; se ne sentono al di sopra. In realtà, ne sono talmente parte da dover essere considerati la "sorgente", di tutto quello che vi succede, soprattutto di tutto ciò che non funziona, che viene invece sempre imputato alle mancanze dei comuni mortali: che non capiscono, non sanno, non vogliono, non fanno. Responsabili e personale, più che differenti soggetti di un'organizzazione, legati da un rapporto di interdipendenza gerarchica, costituiscono un corpo unico. Rappresentano, come nell'*anello di Möbius*, l'unica traccia del percorso.

È comune esperienza inoltre, che al di là delle direttive, di specifiche tecniche ed informazioni, regole e procedure, sia l'atmosfera che si stabilisce nei reparti e negli uffici ad influenzare notevolmente le persone, a condizionarne i comportamenti e ad incidere in modo significativo sugli esiti del lavoro. Il modo di rapportarsi delle persone, la loro disponibilità a comunicare, a cercare di capirsi, a collaborare, il grado di partecipazione e condivisione degli obiettivi, i livelli di rispetto, stima e fiducia reciproci, lo spirito di squadra, l'attenzione e l'impegno profusi, possono essere estremamente differenti e con essi, i risultati.

Un cattivo ambiente di lavoro è in grado di paralizzare e gettare nel caos, strutture di prim'ordine; viceversa, modeste organizzazioni, capaci di creare ambienti positivi, stimolanti, possono produrre risultati d'eccellenza.

La responsabilità del clima aziendale risale direttamente a imprenditore, manager e capi intermedi, in misura proporzionale ai ruoli. A determinare infatti le condizioni per lo sviluppo di una buona o cattiva atmosfera, sono soprattutto i loro comportamenti, alcune loro scelte, il tipo d'approccio, gli atteggiamenti di fondo, riflessi attraverso il fare normale, nei gesti, nelle decisioni "spicciole" del quotidiano; e anche nelle cose non fatte, trascurate. Sono quindi i responsabili dell'azienda, direttamente ed indirettamente, ad influenzare in positivo o negativo, l'andamento del lavoro. A differenza di quanto affermato da Lorenz[*], l'uragano eventuale innescato dal battito d'ali di una farfalla, non si scatenerebbe a migliaia di chilometri di distanza, ma esattamente sul posto.

Alcuni capitoli porranno pertanto in opportuno risalto tutti quegli aspetti che possono incidere e migliorare, i rapporti fra le persone, a partire da quelli di maggior peso specifico: quelli fra imprenditore e manager; poi fra il manager e i capi intermedi, suoi diretti collaboratori, fra questi ultimi e tutto il personale dell'azienda.

È da una corretta impostazione di tutte queste relazioni, con il sostegno di una adeguata competenza, che si creeranno i presupposti per un clima aziendale favorevole, per la formazione di una squadra compatta ed efficiente, capace di qualsiasi exploit.

---

[*] *Edward Norton Lorenz, matematico statunitense pioniere della teoria del caos, autore del neologismo "effetto farfalla"*

16

Saranno quindi sottoposti all'attenzione del lettore, i criteri attraverso cui affinare e valorizzare ciascuna di queste fasi relazionali, insieme ad alcuni strumenti utili ad agevolarne la messa in opera, a supportarne ed a valutarne lo sviluppo. Sarà analizzato e definito il concetto di competenza, fornendo allo stesso tempo, alcuni spunti di approfondimento.

In tanti contesti, è abitudine riferirsi alla sfera del personale aziendale, facendo ricorso all'espressione "risorse umane"; per parte mia, cercherò di evitare tale definizione. Innanzi tutto, perché non mi sembra la maniera migliore di rapportarsi con le persone ed in secondo luogo, per la sostanziale inesattezza dell'enunciazione medesima, che comunica il senso di un bene da sfruttare; quindi, (a prescindere dal disagio che può suscitare il concetto di sfruttamento riferito a uomini e donne) il suo consumo e il suo progressivo impoverimento.

In una visione rigidamente pragmatica e asettica, le persone rappresentano senza dubbio una risorsa per l'azienda; tuttavia, il loro illimitato potenziale, il fatto che attingendo ad esse in maniera appropriata si possa incrementare anziché ridurre, la loro disponibilità (oltre che la loro efficacia) costringe ad estrapolarle dal novero delle risorse, collocandole su un piano diverso. In una posizione privilegiata.

In realtà, esse costituiscono il primo fattore di competitività: le persone sono l'unica skill aziendale che la concorrenza non potrà mai copiare!

- L'innovazione tecnologica infatti, potrebbe rappresentare un vantaggio solo temporaneo, anche per grandi aziende che abbiano la capacità di svilupparla in proprio;

- le materie prime, i componenti, sono assolutamente a disposizione di tutti;

- i prodotti infine, si possono imitare e riprodurre, persino meglio dell'originale.

Le persone invece, sono la vera ricchezza, la vita dell'azienda: rappresentano il cuore pulsante della struttura, fonte di energia inesauribile, continuamente rinnovabile.

È il loro operato a determinare le differenze di risultato. È un concetto che in questi ultimi anni ha preso sempre più piede, acquisendo una posizione di primo piano nelle teorie gestionali; il suo valore intrinseco appare generalmente riconosciuto e accettato. Di certo se n'è parlato tanto, al punto da farlo divenire quasi un luogo comune, un fatto scontato; ma per la verità, come ho potuto constatare in via diretta ed indiretta, in molti casi si è rimasti alla teoria, a delle dichiarazioni d'intento che, evidentemente non supportate da grande convinzione, tali sono rimaste.

Rimane il fatto che se da un lato, una buona gestione del personale è la *conditio sine qua non* perché le persone diano il meglio di loro stesse è anche, per contro, uno degli obiettivi in assoluto, più difficili da perseguire. La teoria - o la "moda" - costringono ad interessarsene ma per molti responsabili, specie in piccole aziende, dove su un'unica persona sono concentrati numerosi compiti, l'accavallarsi dei problemi, degli imprevisti, fa rapidamente scivolare l'argomento in fondo alla graduatoria delle priorità. E lì rimane, continuamente scavalcato da urgenze di ogni tipo. La motivazione ufficiale, di solito, è quella del sovraccarico; non si tratta certo di una bugia ma è anche e soprattutto il timore di nuove difficoltà, di finire per cacciarsi in un labirinto senza uscita, che contribuisce ad impoverire se non a bloccare, i tentativi di iniziativa. Forse non si è lontani dalla verità nell'individuare in una impreparazione di fondo, il vero motivo di questi atteggiamenti.

Non si tratta di avere particolari vocazioni umanistiche, anche se non guasterebbero. Ad ogni modo, per chi fosse restio a calarsi in questo genere di problematiche, per chi considerasse pregiudizialmente sbilanciato il rapporto fra dispendio di tempo, energie profuse e risultati concreti, sia di sostegno una consapevolezza: un approccio sbagliato con le persone, non solo non consentirebbe di sfruttare al meglio le risorse aziendali, ma innescherebbe - è umano - reazioni negative, disinteresse o addirittura, ostilità, rallentamenti ed intralci continui. Di sicuro, rappresenterebbe una grave perdita.

Dunque, anche una visione decisamente cinica delle cose spinge ad interessarsi delle persone, a prendere in considerazione il fatto che conviene cercare di trasformare la situazione in una opportunità, piuttosto che in un problema aggiuntivo. Magari cominciando con il prepararsi meglio ad affrontarla. Se la cosa è particolarmente importante, la competenza deve essere adeguata, ovvero adeguarsi, strada facendo. Non si può certo aspettare di avere tutto quello che serve prima di muoversi; non si avrà mai. È giusto fare (sempre con giudizio, ovviamente) anche sbagliando, piuttosto che non fare nulla. Fra l'altro, gli errori - riconosciuti come tali - conseguenti a sforzi sinceri, sono sempre perdonati ed anche se quasi nessuno lo ammette volentieri, è così che ci si migliora veramente.

La cosa peggiore, la più deleteria in assoluto, sarebbe quella di esporre delle intenzioni che venissero poi negate dalla pratica, disattese dalla realtà quotidiana. In questo caso si procurerebbero grossi danni: alla propria credibilità *in primis* ma soprattutto, si demotiverebbero le persone, togliendo loro speranza ed entusiasmo.

Per inquadrare al meglio il tema che cercherò di sviluppare, è anche opportuno premettere che il termine "gestione", semplifica certamente in maniera eccessiva l'ampio spettro di problematiche, che riguardano il personale: sia per quanto riguarda i contenuti, sia per i metodi, i criteri, attraverso i quali si vogliono mettere in pratica. All'interno di questo sostantivo di sintesi sono compresi notevoli impegni, in quantità e spessore, come: l'informazione, la motivazione, la formazione, i riferimenti, il coordinamento, il controllo, la cura dei rapporti interpersonali, la gratificazione, i provvedimenti, il governo di contrasti e conflitti.

La qualità, l'attenzione, il tempo, le modalità con cui si affrontano gli aspetti sopra citati, determinano la grandezza dell'impresa. Indipendentemente dalle sue reali dimensioni.

2. I responsabili aziendali

I capi hanno la responsabilità di prendere decisioni e di gestire le risorse dell'azienda in coerenza con esse.

Le scelte che essi compiono influiscono sui risultati ed incidono sul futuro, ma un forte condizionamento sulle fortune - o sfortune - dell'impresa deriva anche da come, tali direttive, sono vissute dall'ambiente di lavoro nel suo complesso: il "clima" che vi si respira, influenza la maniera con cui vengono recepite ed interpretate, apprezzate, sostenute e fatte proprie, piuttosto che contrastate e criticate. Peraltro, la significativa influenza del "clima aziendale" ha un preciso riferimento circolare negli stessi responsabili: è il loro modo di rapportarsi con il personale, di guidare e coordinare i propri collaboratori infatti, a determinarlo e caratterizzarlo.

Dunque, se i capi sono alla base di tutto, loro per primi debbono sapere cosa fare e come farlo; i loro compiti debbono essere definiti in modo netto e preciso, gli obiettivi indicati con esattezza e costantemente monitorati.

Da questa premessa risultano subito chiari i primi punti, i riferimenti cardine del nostro percorso:

- il focus dell'azione è sui responsabili; se non si migliorano essi stessi, sarà praticamente impossibile migliorare alcunché.

- Da loro, bisogna pretendere più che da qualsiasi altro.

- È loro precisa responsabilità, che le persone siano poste nelle condizioni di dare il meglio di sé. Sono le persone che fanno, che concretizzano le idee.

Prima di proseguire ed entrare nel vivo delle problematiche gestionali, penso sia necessaria una riflessione, una considerazione preliminare: esiste il manager ideale? E se sì, quali caratteristiche dovrebbero distinguerlo?

Ogni imprenditore si è posto queste domande; qualcuno, di certo, più volte. Per la risposta, farò riferimento ad un'indagine svolta dal prof. Tagiuri, membro di facoltà della Harward University e della Harward Business School; il quesito era stato posto a titolari d'azienda partecipanti a seminari di management.

Le risposte raccolte condussero ad un elenco di qualità, di attitudini personali e caratteriali, utili all'espletamento della funzione; ogni singola caratteristica era peculiare o quantomeno propedeutica ad un ruolo di alto profilo. Sennonché, la lista risultò talmente lunga ed eterogenea da far sembrare una pazzia il solo pensare che in una sola persona potessero concentrarsi tante doti! La figura che ne scaturiva corrispondeva ad una sorta di superman... ed oltre a possedere un numero incredibile di qualità, alcune delle quali incoerenti fra loro da risultare assolutamente inconciliabili... insomma, un personaggio piuttosto improbabile, tanto per usare un eufemismo.

Dunque il manager ideale non esiste?

No, nel senso di "uomo della provvidenza"; certamente sì, se pensiamo invece ad un essere umano che, a prescindere dalle proprie caratteristiche, faccia le cose che un manager deve fare.

Non importa chi è, ma è fondamentale sapere e mettere ben in chiaro, cosa si vuole da lui; ciò che conta è come agisce.

L'occasione è opportuna anche per un commento sull'immagine del responsabile: il pragmatismo, la concretezza dei fatti debbono, a parer mio, far giustizia degli stereotipi, sostituire la figura tradizionale del capo che tutto sa e tutto può, del generale invincibile, del grande condottiero. Togliamo di mezzo la retorica, i luoghi comuni e soprattutto, consentitemi, i riferimenti militareschi di cui si fa largo uso ed abuso. L'azienda non è una sorta di caserma dove si deve *obbedir tacendo*, ma un luogo in cui i cervelli debbono funzionare al meglio. Voler mettere insieme le due cose, pare proprio avere tutta l'aria di un ossimoro.

Gli imprenditori, cui vanno riconosciuti grandi meriti, per il coraggio e la capacità di rischiare, di intraprendere, in momenti come quelli odierni, di estrema variabilità, difficoltà ed incertezza, hanno il sacrosanto diritto e il bisogno, di avere al loro fianco delle persone capaci, dei responsabili in gamba.

Non dei caporal-maggiori e neanche dei colonnelli; non delle star di Hollywood ma nemmeno delle controfigure; non dei ciarlatani o degli imbonitori; men che meno, yes-man o beceri kapò.

Bravi manager sono coloro il cui operato dipende "solo" da due cose: **competenza e deontologia.**

Ciò che serve e che importa per davvero, è un responsabile che svolga con cognizione di causa e scrupolosa correttezza, i compiti previsti; a prescindere dalle sue specificità, dalle sue caratteristiche.

Non importa quello che uno ‹è›, conta ciò che ‹fa›.

Per opportuna chiarezza: il senso qui assegnato al verbo ‹essere› non è quello che solitamente acquisisce quando, posto in stretta relazione alla persona, diviene sinonimo dei suoi valori. Nel nostro caso, il suo utilizzo, sottintende l'*iter* professionale, lo *status,* raggiunto. Per quanto prestigiosi siano i titoli, gli incarichi ricoperti, i meriti acquisiti, essi restano semplicemente indicativi di una capacità, di un potenziale, ma non rappresentano certo, di per sé stessi, una risposta concreta alle problematiche quotidiane. La cui soluzione dipende dal **fare**, non già dai diplomi in bella mostra alle pareti dell'ufficio. Anche il riferimento al ‹**fare**› merita una precisazione. Magari sarà superflua, ma non è mia intenzione lasciare spazio a possibili fraintendimenti: dal momento stesso in cui se ne sottolinea l'importanza, è implicito che il verbo in oggetto sia accompagnato dall'avverbio "bene". Il ‹fare› non significa perciò attività frenetica, spesso indicativa più di fumo che di arrosto, ma lavorare bene, far bene le cose, da subito, al primo colpo. La priorità nr.1 è la qualità; poi, c'è la velocità.

Essere rapidi e non lavorare "bene" perciò, non vuol dire ‹fare›: significa solo sprecare risorse; in fretta.

Più avanti vedremo, in dettaglio, quali sono i contenuti di una corretta operatività.

Primo interlocutore di queste nostre considerazioni è senz'altro l'imprenditore, la proprietà, ovvero il consiglio d'amministrazione dell'azienda: di qui bisogna iniziare a muoversi con precisione e chiarezza nei confronti della direzione aziendale, trasmettendo la mission, le linee guida, i compiti e i limiti, definendo risorse ed obiettivi. Gli stessi principi, adeguati nella forma e nella sostanza, saranno trasmessi a tutti i responsabili - dirigenti, quadri, capi intermedi - e a tutto il personale.

Tutte le aree debbono essere connesse, guidate dalla stessa logica, dagli stessi riferimenti; è fondamentale che non esistano "zone franche" nell'organizzazione, spazi privi di giurisdizione o gestiti arbitrariamente, né che si possano creare successivamente. Non sono ammesse aree, ovvero problematiche, senza un controllore, un responsabile; e nemmeno «controllori senza controllore».

In azienda sono i capi intermedi ad avvertire più di altri la situazione di «controllore-controllato» vivendola peraltro con un certo disagio; tant'è vero che molto spesso descrivono il loro stato come un «essere fra l'incudine e il martello». I capi reparto ad es. sentono la difficoltà di sovrintendere alla manodopera e di doverne gestirne le reazioni e nel contempo, avvertono il peso delle verifiche - e delle reazioni - certamente di tutt'altro segno, della direzione. Ne consegue un marcato senso d'invidia per chi avrebbe la fortuna di non trovarsi in un'identica situazione. In realtà, nessuno ha questa fortuna, perché la circostanza non esiste: tutti siamo fra un'incudine ed un martello. Chiunque sia, ovunque si trovi, qualsiasi cosa faccia, a qualunque livello. Di primo acchito si potrebbe anche avere l'impressione che non sia proprio così, ma se ci si riflette un attimo ci si accorge che, in effetti, nessuno può fare ciò che vuole. Nemmeno gli uomini più potenti del mondo.

Il presidente degli Stati Uniti ad es. oltre ai precisi vincoli del Congresso e della Corte Suprema, deve porre grandissima attenzione ad una nutrita schiera di interlocutori, interni ed esterni: dai media, alle varie lobbies, ai suoi elettori; dagli alleati, alle organizzazioni internazionali.

Anche il Papa, nonostante sia Vicario di Cristo in terra, ha sempre intorno a sé chi gli "ricorda" cosa fare, come ebbe a dire celando il fastidio dietro l'ironia, il compianto Giovanni Paolo II: dalla Curia Vaticana, al collegio dei cardinali; dai segretari, ai maestri di cerimonia.

Tornando al senso della nostra affermazione, non si può consentire, in azienda, lo squilibrio fra responsabilità e autorità. Nessuno può permettersi di avere autorità senza responsabilità, di agire senza dover rispondere del proprio operato ad un referente. Altrettanto assurda, ovviamente, la condizione opposta, di responsabilità senza autorità. Entrambe le situazioni, purtroppo, si incontrano facilmente.

La prima, nasce da gravi carenze organizzative; le più frequenti sono: vuoti di potere, in cui la responsabilità di alcune situazioni, forse a causa della loro saltuarietà, non è stata assegnata, oppure - e qui, la cosa è molto più grave - una cattiva informazione che indirizza un problema alla persona sbagliata (che se ne fa impropriamente carico) anziché a quella preposta. In ogni caso, capita che delle decisioni vengano prese improvvisando, con scarsa cognizione di causa, da qualcuno che non è titolare della materia.

L'intenzione di partenza, del prendersi cura di un problema, della rimozione di un ostacolo, è senz'altro lodevole ma se per ben figurare, per smania di protagonismo, non si denuncia l'anomalia e non si dichiara la propria ignoranza in proposito, si può facilmente determinare un problema maggiore di quello cui si voleva porre rimedio.

Improvvisazione ed estemporaneità possono essere doti preziose cui far ricorso, in via del tutto eccezionale, solo disponendo di una approfondita conoscenza della materia; non si possono attivare partendo dalla sua ignoranza. Difficile peraltro, che i dubbi assalgano chi sa poco; di solito, si va avanti spediti, fidando su scarni riscontri, conoscenze superficiali, notizie di dubbia attendibilità.

Tornando al nostro concetto, ciò che non deve succedere è che qualcuno, senza una precisa responsabilità in proposito, si trovi, anche solo occasionalmente, a prendere decisioni in merito a questioni di cui sa poco o nulla. Fra l'altro, qualora le conseguenze fossero negative, le scelte a monte risulterebbero orfane, abbandonate dalla nascita. Quando si cercheranno di capire i problemi incontrati, nessuno saprà niente di niente.

Addirittura più frequente, la circostanza di una eccessiva responsabilità (rispetto all'autorità). Gli esempi da portare sarebbero talmente tanti che richiederebbero un apposito libro; penso che ciascuno possa trarre un caso dalla propria memoria, in uno schiocco di dita. Fra le maggiori cause di queste situazioni la scarsa fiducia, una carenza di cultura manageriale, in senso lato: l'incapacità di delegare, di formare, di rapportarsi correttamente, una visione rigidamente verticistica della gestione. Non intendo pontificare tuttavia ancora troppe persone forse pensano che, potendo dare la colpa a qualcuno, sia tutto risolto. Se non che i capri espiatori passano, i problemi, no! In definitiva, in qualunque dei due contesti ci si venga a trovare, vi sono almeno tre certezze:

1° - l'azienda è danneggiata nella sua corsa per la competitività, da un peso aggiuntivo, tutto suo, che altre aziende non hanno. È già una gara durissima di per sé, non sarebbe il caso di aggiungere un handicap.

2° - il peso che l'azienda si è (autonomamente) messa sulle spalle, si può senz'altro scaricare.

3° - è chiaro da dove cominciare, a mettere le mani.

In conclusione del capitolo infine, non certamente perché di minor importanza, ma semmai proprio per il motivo opposto, alcune considerazioni sul *deus ex machina* dell'azienda: l'imprenditore. Difficilmente, in tante piccole e medie industrie, il suo coinvolgimento si ferma ad un ruolo di alta direzione ma è chiaro che, assai spesso, va anche detto - necessariamente -. In tanti casi dunque, il titolare assume anche un ruolo operativo, ponendosi alla guida di uno dei servizi chiave.

Di per sé la cosa è senz'altro buona ma è opportuno evidenziare alcune possibili controindicazioni valutando, nel contempo, quale potrebbe essere il ruolo più proficuo da occupare.

Il rischio principale è senza dubbio quello di farsi coinvolgere eccessivamente, in questioni di minor profilo, di cui si potrebbero occupare diverse altre persone, finendo per distogliere l'attenzione da compiti più elevati, che viceversa, competono esclusivamente alla sua figura d'imprenditore e di cui nessun altro, in azienda, potrebbe farsi carico.

Succede, talvolta, di vedere il titolare di un'azienda, sostituirsi ad un impiegato d'ordine; se la cosa avesse lo scopo di verificare o correggere e fosse per un tempo limitato, niente di male, anzi. Se invece fosse per sostituire, affiancare, per far prima e meglio, bisogna rendersi conto che sarebbe come se il comandante di una nave lasciasse il timone e il controllo della rotta, per mettersi a pulire il ponte: perché nessuno sa lucidarlo come vuole lui. L'imprenditore *deve* avere la visione complessiva dell'azienda, le sue scelte strategiche debbono travalicare e sintetizzare le diverse funzioni aziendali; la rotta tracciata deve essere continuamente monitorata, spesso corretta, adeguata agli imprevisti. Un'eccessiva abitudine ai dettagli, oltre che comportare uno squilibrio dell'attenzione e delle priorità, finisce per rendere drammaticamente miopi.

La delega garantirebbe un aiuto concreto, per tutta una serie di incombenze, ma sappiamo trattarsi di un'arte di difficile esercizio. Di per sé non lo sarebbe affatto, ma finisce per diventarlo quando, affrontata con eccessiva superficialità, non fornisce i risultati desiderati. E in effetti, risulta un'opportunità assai poco utilizzata da molti titolari d'azienda. Un ulteriore problema, può essere rappresentato dalla difficoltà dei collaboratori a rapportarsi direttamente con la proprietà; se anche la cosa riuscisse a funzionare, potrebbe essere il rapporto con i colleghi di altri servizi a soffrirne, a farsi più difficile. Il rischio è quello di una minore flessibilità e disponibilità. È un'affermazione che può apparire strana, perché il coinvolgimento dell'imprenditore sembra garantire la corretta esecuzione di una fase lavorativa; il campo dovrebbe venire sgombrato da controversie di carattere personale e/o da qualsiasi altro fattore che potesse pregiudicarne l'efficienza, la convenienza.

In realtà i rapporti di lavoro, in quanto rapporti umani, sono "naturalmente" carichi di conflitti, ben oltre gli individualismi dei singoli; la ricerca stessa dell'optimum fornisce continui contrasti che necessitano di una soluzione. E la soluzione ad un contrasto non arriva con un colpo di bacchetta magica, e nemmeno con dei diktat; per trovarla occorre discutere, ascoltare, accettare di modificare. Arrivare ad un compromesso. È chiaro che la ricerca di un compromesso è automaticamente complicata dallo squilibrio di forze fra i due contendenti. Senza dimenticare che la disponibilità alla critica, come l'ironia, va benissimo ma solo se riguarda gli altri. In particolare, per chi "siede" molto in alto.

Ostacoli aggiuntivi possono derivare da eventuali errori commessi dal titolare sul piano operativo; sarebbe certamente più difficile e delicato intervenire e modificare. Di contro, è molto facile che il presentarsi di una lacuna professionale fornisca alibi dietro i quali, molti, potrebbero nascondersi. Un lavoro incompleto o in parte errato, svolto dal titolare in persona, può indurre al silenzio persone che con un diverso interlocutore sarebbero intervenute, se non addirittura scatenate. Molto probabile il ricorso ad un assai deleterio ‹ubi major....› Un ulteriore effetto negativo, tutt'altro che trascurabile, è rappresentato dalla possibilità di vedere diminuire carisma e credibilità. Constatare uno sbaglio del capo in testa, in circostanze di routine, potrebbe deteriorare la piena fiducia nei confronti delle grandi strategie aziendali, elaborate dalla stessa persona.

L'impegno diretto dell'imprenditore insomma, oltre a diverse complicazioni, può avere conseguenze pesantemente negative, soprattutto se il ruolo operativo lo coinvolgesse tanto da togliere respiro a quello direttivo; ma non è da trascurare neanche la condizione opposta, se viceversa cioè, gli dedicasse così poca attenzione da creare inefficienza nella funzione di cui s'è fatto carico. In ogni caso l'azienda ne soffrirebbe.

Non ci sarebbe dunque spazio per l'operatività del titolare? È chiaro che non c'è una risposta univoca; dipende dalle capacità dei singoli, dal tipo di situazione e da tante altre variabili. Pare comunque opportuno evidenziare che in determinati casi, specie se affrontati nel modo sbagliato, la presenza sul campo del titolare potrebbe effettivamente costituire un clamoroso "collo di bottiglia"; dopodiché rimane, come è logico, la totale libertà di scelta dell'imprenditore.

Esiste tuttavia un ruolo che, a parer mio, sarebbe addirittura auspicabile fosse ricoperto dal titolare in persona, oltre a quello direttivo, ed è quello del responsabile commerciale.

Questa responsabilità, che già di per sé riveste un peso fondamentale, trainante per i destini dell'azienda - ne sono profondamente convinto, anche se questa affermazione, da uomo di produzione come sono sempre stato, mi causa qualche sofferenza - nelle mani dell'imprenditore può acquisire una potenza dirompente, in grado di lanciare in orbita l'azienda.

Ho visto più di una volta, ottimi risultati realizzati da aziende con una struttura produttiva limitata, scarsa in ogni senso, ma con un eccellente "commerciale".

Oggi la cosa non è più possibile, non basta più un buon venditore, occorrono anche, come si diceva in premessa, alti livelli di qualità, efficienza; resta pur vero tuttavia, che un'azienda di prim'ordine, senza un buon commerciale, è destinata a soccombere o a restare comunque relegata in piccolissime nicchie, sprecando in modo ignobile il proprio potenziale. Il contatto con il mercato, costituisce la miglior garanzia di una tensione ottimale alla qualità, uno stimolo fortissimo al servizio, al miglioramento continuo. Attraverso la funzione commerciale l'imprenditore si viene a trovare in stretto rapporto con il Cliente sia a monte che a valle del processo lavorativo della sua azienda, nelle condizioni di influenzare ed incidere, nello stesso tempo, sull'input e sull'output. Quindi, nelle condizioni ideali per consentire la concreta realizzazione del più importante fra gli obiettivi aziendali: la soddisfazione del Cliente. Tutte le considerazioni sin qui esposte sull'argomento, restano ugualmente valide, oltre che delicate, se ad essere coinvolto in un ruolo operativo non fosse l'imprenditore stesso, ma un suo familiare. Le cose potrebbero essere tuttavia notevolmente più semplici e facili da gestire se il parente in questione non figurasse anche nelle posizioni di vertice dell'organigramma: in questi casi anzi, sorretto da comportamenti esemplari ed irreprensibili e dall'intelligente rinuncia a benefici ed agevolazioni di sorta, si potrebbe invece rivelare un prezioso sostegno ed un valido catalizzatore della qualità del team aziendale.

Terminate le premesse, cominciamo dunque a vedere cosa deve sapere il manager, per avere competenza, quali indicazioni debba ricevere dalla proprietà, cosa debba fare in sostanza, per assolvere ai suoi compiti.

3. Il "bagaglio" del manager

La responsabilità di un'unità produttiva industriale, necessita di elevate ed estese competenze. Il plurale è d'obbligo poiché ci si riferisce ad una cultura generale piuttosto articolata, suddivisa in più branche, che prescinde dall'ambiente di lavoro ed una cultura specifica, viceversa, strettamente connessa all'azienda presso cui si opera.

La competenza generale è suddivisa, procedendo per grandi linee, in tre parti: una di natura tecnica / tecnologica, derivata dagli studi scolastici ed universitari, integrata ed ampliata dalle esperienze lavorative.

Una seconda parte di conoscenza è relativa alle scienze economiche, ivi comprese quelle organizzative, alla capacità di interpretare processi, progetti, risultati, in chiave finanziaria, di profitto.

Il terzo aspetto del sapere manageriale è riservato alla cultura che definiremo in senso lato, umanistica; quella che sottintende ai rapporti interpersonali, alle relazioni con le persone, ai criteri di gestione, guida e motivazione dei collaboratori.

La competenza specifica infine, è relativa all'ambiente di lavoro, si riferisce alle persone che vi lavorano, agli impianti, ai materiali, ai processi, all'organizzazione, al prodotto, al mercato.

Nella stragrande maggioranza dei casi, l'incarico di manager è affidato ad un ingegnere, tecnico per eccellenza, per lo più di estrazione meccanica; a seguire, con frequenza decrescente, le lauree in elettronica, informatica, nucleare, ed altre specializzazioni. Il bagaglio tecnico, elemento di primaria importanza della competenza generale, è dunque certamente valido ma è anche l'unico che il manager ha con sé sin dall'avvio della sua carriera professionale. La cosa tuttavia non è affatto percepita come deficitaria; è raro infatti che gli ingegneri occupino un ruolo gestionale alle prime esperienze lavorative. In genere, la loro attività prende le mosse in area tecnica; l'esempio più calzante è quello di un incarico all'interno di un Ufficio Tecnico.

In questo ambito, la competenza tecnica in loro possesso è un bagaglio più che idoneo alle necessità ed è il giusto terreno sul quale coltivare la competenza specifica; è bene tuttavia prendere consapevolezza, il più velocemente possibile, che con la laurea si è raggiunta una meta importante, forse la più elevata - sino a quel giorno - ma nello stesso momento in cui si taglia quel traguardo, si attraversa anche una linea di partenza. E di lì, comincia una nuova sfida. Quella vera.

La cultura tecnica dell'ingegnere rappresenta una base, ottima, ma solo una base appunto, che deve essere sviluppata e valorizzata dall'esperienza lavorativa, dall'applicazione pratica. Servirebbe anche, per la verità, un minimo di preparazione al lavoro di gruppo, alla comunicazione, ma per non allargare troppo il nostro discorso e restare concentrati sul tema, ci limitiamo ad una sola indicazione: ciò di cui si ha veramente bisogno, specie agli inizi, oltre ad una buona preparazione scientifica, è "solo" di avere un bravo capo come referente. Dal *sancta sanctorum* dell'*intellighenzia* aziendale che è l'Ufficio Tecnico, molti ingegneri, alcuni per loro ispirazione, altri spinti dalle circostanze o da occasionali opportunità, salgono a diversi e più elevati incarichi. Nel momento stesso in cui da tecnico puro, ancorché d'alto profilo, si passa ad un ruolo più specificatamente manageriale, emergono tuttavia diverse lacune del bagaglio culturale il cui aggiornamento richiede un consistente impegno.

Non si tratta di un semplice release, ma della vera e propria installazione di un nuovo software, che si aggiungerà al precedente, senza cancellarlo, sovvertendo peraltro in maniera rilevante, riferimenti e priorità.

Ho fatto ricorso ad una metafora alquanto "fredda" non già per considerare le persone alla stregua di robot, ma solo perché evidenzia in modo assai esaustivo il concetto di passaggio ad un diverso livello, che necessita di una diversa competenza; inoltre, un messaggio espresso in termini tecnici si presta ad essere meglio recepito da un tecnico per eccellenza come l'ingegnere che, da parte sua, potrebbe essere incline a ritenere di sapere già di più di quanto gli possa servire.

Al manager è richiesta la padronanza delle fondamentali nozioni di economia aziendale; deve imparare ad inserire in un contesto molto più ampio, quegli stessi processi sinora analizzati, per quanto in modo approfondito, in chiave quasi esclusivamente tecnologica. Bisogna saperli re-interpretare in termini prettamente monetari.

L'azienda vive ogni momento, di ogni giornata, immersa in problemi tecnico-organizzativi ma la sua ragion d'essere è economica; i suoi fini, sono di lucro. Sono consapevole che, per certi aspetti, questa affermazione può suonare un po' troppo secca, quasi cinica. E visto che già più volte è stata ribadita l'importanza di un buon ambiente di lavoro, della centralità delle persone, sembrerebbe trasparire una certa incoerenza fra i concetti che si vanno sviluppando. Sembrerebbe, appunto, ma non è affatto così. In questo caso, non esistono obiettivi in contrasto fra loro.

Tutti noi desideriamo avere l'opportunità di esprimere le nostre capacità, abbiamo bisogno di considerazione, puntiamo a migliorare la qualità della nostra vita, a realizzare i nostri sogni. Il lavoro è senza dubbio uno degli strumenti principali, per soddisfare molte delle nostre aspirazioni; per un ampio tratto della vita, per tante persone, rappresenta certamente il mezzo più importante. I nostri obiettivi, che rappresentano la prima delle nostre motivazioni, si raggiungono per una strada che corre parallela e nella stessa direzione, di quella percorsa dagli obiettivi dell'azienda. Se questi ultimi non vengono raggiunti, è assai improbabile che noi possiamo arrivare ai nostri. Lo scopo di lucro dell'impresa, non rappresenta un minor valore, non può definirsi banalmente, *vil denaro*; è la concreta realizzazione dell'impegno di tante persone, è il frutto del loro intelletto, della loro passione. Ed è l'unica maniera per prolungare il percorso, anzi i percorsi paralleli, verso nuovi traguardi.

L'obiettivo economico non può essere messo in discussione; il vero "distinguo" semmai, è da fare sui mezzi, utilizzati per raggiungere lo scopo. Da che mondo è mondo, è risaputo, c'è sempre chi tenta di giustificare anche i più folli ed assurdi, con il fine.

Oggi, la globalizzazione, costringe ad indirizzare al meglio le cose. Anche se in mezzo a notevoli difficoltà ed incongruenze, sono ormai numerose le aziende che hanno ottenuto la certificazione di qualità (9000), ma già alcune di queste, più aperte ed evolute, stanno andando oltre, con l'approccio alla certificazione della sicurezza (18001), alla certificazione ambientale (14001), sino alla certificazione etica (8000). I "mezzi" stanno avviandosi a diventare quelli giusti.

Resta inteso che non è il raggiungimento del "pezzo di carta" a costituire la cosa giusta, quanto la profonda convinzione dell'opportunità di perseguire con scrupoloso impegno degli obiettivi il cui valore travalica i confini dell'azienda, attraverso un percorso ben preciso, formalizzato, accettando di sottoporsi ad approfondite verifiche. Ne consegue, per logica e coerenza che l'ente certificatore prescelto, debba essere di alto livello.

Tornando alla nostra azienda, chi ne è alla guida non può non avere, come faro, anche la visione economica. Manager è sinonimo di imprenditore; non a caso, la definizione più appropriata lo indica come suo *alter ego*.

Un effetto all'apparenza secondario, in realtà di primaria importanza, specie per quei manager di estrazione tecnica (la maggioranza, come sappiamo) è rappresentato dal fatto che un approccio "economicamente orientato" favorisce, in modo decisivo, una visione ampia e profonda dell'azienda; rimarca le proporzioni, consente di guardare lontano. E supporta il necessario cambio di mentalità, la rottura di abitudini preziose sino al quel momento, potenzialmente deleterie nel nuovo ruolo, come l'attenzione esasperata del particolare, il lavoro prolungato sul dettaglio, tipica del tecnico, dell'analista, del ricercatore.

Viene di pensare che, tutto sommato, gli aspetti economici di un processo industriale, sono pur sempre un fatto tecnico; di mezzo ci sono formule e calcoli, un abito mentale razionale, logico, matematico. Resta il fatto che l'aritmetica del progettista è molto diversa da quella del ragioniere.

Non è certo facile, ancorché interessante ed avvincente, sovrapporre la seconda alla prima. Ad ogni modo però, il manager necessita di una competenza economica, da aggiungere a quella tecnica già in suo possesso. In fabbrica, ora più che mai, è indispensabile disporre di questa conoscenza e di questa sensibilità. Sono compresi in questo aspetto del sapere anche i più moderni ed aggiornati principi organizzativi, oramai necessità imprescindibile di ciascuna azienda, in particolare di quelle di produzione. Occorre peraltro rimarcare come la validità di una organizzazione in linea con le attuali necessità, debba poggiare e trovare riscontri oggettivi, su concetti e parametri già noti, teoricamente consolidati, come quelli di rendimento, efficienza e produttività, sui numeri della contabilità industriale, sul costo di produzione per unità di prodotto. Dati, i cui significati, oltre ai criteri di determinazione, sono ancora oggi, ahimè in larga misura, poco conosciuti da tanti responsabili anche di livello (gerarchico) molto elevato. Purtroppo, non esiste alcun automatismo che sul principio dei vasi comunicanti possa bilanciare, responsabilità (e autorità) allo stesso livello della competenza.

Una soluzione al problema, potrebbe sembrare quella di ribaltare l'approccio: affidare cioè la responsabilità della gestione ad un "economista" che integri poi la sua competenza, con quella tecnica, ovvero tecnologica. Oggi, sono disponibili specifici percorsi di studio, corsi di laurea in ingegneria gestionale, in merito ai quali peraltro, non mi sento di esporre pareri, privo come sono di esperienze dirette ed approfondite, in merito. Penso tuttavia, che in molti casi, potrebbe essere una strada senz'altro giusta da percorrere. Rimane solo il dubbio che un manager con una preparazione più marcatamente "economica" potrebbe incontrare maggiori difficoltà nell'acquisire la necessaria competenza tecnologica, di quanto non lo sia, per un ingegnere "tradizionale", recepire i principi forse più semplici, ancorché insoliti, della gestione. Dipende dai singoli casi, dal livello tecnologico dei processi, dall'ambiente di lavoro.

Detto dell'implementazione del bagaglio tecnico, rimane la componente professionale più importante e determinante del ruolo, la più affascinante, dal potenziale più elevato e nel contempo, la più difficile in assoluto: gestire i rapporti umani, relazionarsi con le persone, guidarle, coordinarle, motivarle, farle crescere, ottenere il loro impegno, la loro collaborazione. La strada per arrivare a questa competenza oltre che essere impegnativa, si presenta improvvisa ed imprevista; accorgersi di doverla percorrere coglie sempre di sorpresa ed è facile sottovalutarla. Solo dopo avere scoperto di quante buche sia cosparsa ed averne subito i primi contraccolpi, ci si rende conto della propria inadeguatezza.

Si tratterà, come si diceva nel capitolo precedente, di imparare a fare le cose giuste. Se c'è chi ha ricevuto in dono dal Padreterno una conoscenza istintiva della materia, la facilità di porsi, di comunicare, il cammino iniziale gli risulterà certamente più agevole, ma il percorso da fare resta lo stesso, per tutti.

Occorre sovrapporre al grande "sapere" scientifico, quello umanistico, una conoscenza dei principi fondamentali della psicologia, della comunicazione, che si poi si scoprirà logico e naturale continuare ad approfondire. L'impegno è duplice, poiché oltre al lavoro verso gli altri, alla comprensione dei comportamenti, delle reazioni, dei bisogni latenti dei nostri interlocutori, è indispensabile l'ulteriore sforzo del lavoro su se stessi, a modificare alcuni atteggiamenti che se in precedenza potevano anche non apparire particolarmente fastidiosi, mantenuti nel nuovo ruolo potrebbero esserlo, rivelandosi anzi molto dannosi. Ad es. potrebbe essere il caso di "abbassare" l'ego sempre piuttosto elevato del tecnico, tanto per usare un eufemismo e lasciare un po' più di spazio all'empatia, all'ascolto paziente; sostituire comportamenti viscerali ed istintivi con altri, decisamente più assertivi.

Vedremo comunque più avanti, in appositi capitoli, cosa poter fare per raggiungere l'obiettivo di ottimizzare i rapporti con le persone, coinvolgerle ed ottenere tutto il loro impegno. Ora dobbiamo completare la verifica del bagaglio necessario al nostro manager.

Abbiamo detto di una competenza generale, tecnologica, economica ed umanistica che sarebbe auspicabile avere già al momento dell'ingresso in azienda, ma sappiamo che, in generale, il "bagaglio appresso" è solo il primo, quello tecnico in senso stretto. Delle altre due competenze, la seconda - quella economica - è spesso carente ovvero, assai superficiale, mentre la terza - umanistica - è praticamente assente; sorprende molto, in negativo, come ciò non venga percepito, in genere, come grave mancanza. Salvo rari casi, non ci si preoccupa affatto di questa lacuna. Il problema ovviamente è duplice, del manager e dell'azienda, ovvero del suo interlocutore. È invece indispensabile, imparare a fare il capo, a gestire le persone, a rapportarsi con loro.

Questo libro, in sostanza, vuole dare una mano in questo senso: aiutando ad individuare le difficoltà delle persone, ad affrontarle e risolverle, o quantomeno a ridurne l'impatto. Si tratta del punto focale del mestiere dirigenziale ma in questo caso non si riscontrano solamente dei vuoti formativi, ma vere e proprie voragini. Così come nel mondo della scuola è mancato sino ad oggi, per i futuri docenti, la possibilità di imparare ad insegnare, allo stesso modo, nel percorso di laurea di un ingegnere, non c'è riscontro di una specifica preparazione, di un esame riguardante la gestione e la guida delle persone. Del problema, salvo rarissime eccezioni, non si fanno carico le aziende che, come sappiamo, per una quota superiore al 95% sono medio – piccole e anche ammessa (e non concessa) la loro sensibilità in merito, ben difficilmente troverebbero, al loro interno, la possibilità - in capacità e risorse - di realizzare un'alta formazione.

La cosa veramente buffa (o tragica?) è che quando si tratta di relazionarsi con nostro prossimo, tutti sanno giudicare e criticare, i comportamenti altrui; in pratica, tutti ci sentiamo in dovere di insegnare, nessuno però, pensa di dover imparare. Sarebbe già un passo avanti iniziare a pensare che, ciascuno di noi, è impegnato a fare, ad insegnare ed a imparare. Qualsiasi persona, anche la più umile, possiede una conoscenza, in un qualche campo, dalla quale possiamo imparare qualcosa. È chiaro che il riscontro di carenze relative ai rapporti interpersonali, così come di qualsiasi altra competenza, evidenzia la necessità di un grosso impegno, *in itinere*, per poter ricoprire il ruolo di manager con successo.

Intendiamoci, molti manager sanno parlare bene, si esprimono in modo corretto, hanno un eloquio colto e brillante, usano frasi ad effetto, ma sanno ascoltare solo la loro voce, mettono molta attenzione a quello che intendono dire ma, quasi mai - e sarei tentato di togliere il "quasi" - passa loro per la testa, l'idea di chiedersi cosa può aver capito chi li ascolta.

Che è, viceversa, **l'unica cosa che conta per davvero!**

Fra l'altro, a prescindere dalla cultura degli interlocutori, è molto facile capire se chi parla è sincero, se crede in ciò che dice. È comprovato, si tratta di una percezione tanto netta, quanto istintiva. Molto meglio quattro parole, magari sgrammaticate, dette con il cuore, che un lungo eloquio tanto forbito, quanto fasullo o peggio, ingannevole. Forse si può riuscire, per una volta, ad apparire credibili senza esserlo per davvero, ma si può star certi che già dalla seconda occasione, il castello comincia a crollare. E sappiamo tutti molto bene quanto sarà poi difficile e faticoso, ricostruire dalle rovine. Più, che riconquistare un cliente perso. La consapevolezza delle proprie necessità, che spero di aiutare ad emergere, farà da supporto nell'individuazione delle giuste fonti, fra le tante, cui attingere per la formazione. Abbiamo dunque definito gli elementi principali della competenza generale, bagaglio universale di ogni manager, valido sempre, presso qualunque azienda egli possa trovarsi ad operare.

Anche se abbiamo già accatastato tre grossi bauli, peraltro mai abbastanza pieni, il nostro bagaglio deve essere integrato da un ulteriore, voluminoso, "collo": quello della competenza specifica, relativo all'azienda in cui si opera.

Ovviamente ne serve uno nuovo ogni volta che si cambia posto di lavoro. Attenzione a non sminuire o peggio a banalizzare quest'ultimo aspetto del bagaglio professionale.

Il manager, per decidere (cioè scegliere), guidare, proporre, verificare, approvare, correggere, sostenere o bloccare, ha necessità di sapere, di capire esattamente cosa sta succedendo, in che direzione si sta andando. Ciò è possibile, in parte con il ricorso alle risorse della sua competenza generale e in parte, poggiandosi su quella specifica.

Tuttavia, mentre la conoscenza professionale, generale, è messa a confronto in un numero ristretto di casi e con un numero certamente limitato di persone, la competenza specifica deve essere invece utilizzata in continuazione, con molte persone. Ne consegue che il manager, si dovrà costruire, con costante e paziente applicazione, una perfetta conoscenza dell'intera azienda, quindi:

-delle persone innanzi tutto; i loro nomi, i loro ruoli, i relativi curricula (non servono a nulla se restano sepolti nei cassetti dell'amministrazione o dell'uff. personale);

-del lessico aziendale (e relativo glossario);

-del know how: processi, macchine e impianti, flussi;

-dei materiali - materie prime e semilavorati - dei fornitori;

-della gamma, dei prodotti di punta, di quelli più deboli, le caratteristiche tecniche, gli utilizzi, le quantità, i tempi di consegna, i colli di bottiglia, la capacità produttiva, i costi;

-dei clienti, delle categorie di vendita, delle classi merceologiche, delle quote di mercato, dei prezzi, della concorrenza;

-della documentazione tecnica, dei mansionari, dei regolamenti, dei contratti.

È chiaro che ci si avvarrà dell'aiuto dei propri collaboratori; all'occorrenza, certi dettagli potranno essere richiesti a chi li conosce più da vicino, ma in ogni caso, la conoscenza della materia deve essere tale da consentire delle autonome valutazioni ovvero, idonea a valutare l'esattezza delle informazioni ricevute. La qualità dei risultati dipende, in larga misura, dalla qualità della competenza specifica. Solo a queste condizioni, l'abbinamento ad un buon livello di competenza generale, determina l'eccellenza. La conoscenza specifica è un plus che va ricercato, oltre che con la professionalità, con sincero interesse; se possibile, addirittura con passione. Il bravo manager deve conoscere l'azienda come le sue tasche; per certi versi, addirittura meglio del suo stesso proprietario. Senza dirglielo però, altrimenti si ingelosisce.

Molti imprenditori, in particolare i tanti titolari di piccole o medie industrie cui questo libro si rivolge, hanno la lodevolissima idea di tirarsi su in casa, il loro braccio destro, il manager che gli diriga la fabbrica.

Le motivazioni sono molteplici ma è assai probabile che esse comprendano le difficoltà, oltre che l'onere finanziario, della collaborazione con un dirigente già affermato, che arrivi da un'altra azienda. Non entro nel merito di tali considerazioni poiché sono certo della loro validità, tuttavia mi permetto di ricordare ed evidenziare che un manager di prima nomina, dispone solo di una parte del bagaglio di competenza richiesto, quella tecnica, generale, derivata dal suo *curriculum studiorum*. Qualora la sua presenza in azienda comprendesse un precedente, diverso incarico, potrebbe aver maturato una parte della competenza specifica. Ma nella migliore delle ipotesi, nel complesso, disporrebbe di una competenza il cui un valore sarebbe inferiore al 50% di quello necessario.

Se la persona è giusta, il gap non è affatto insormontabile, ma bisogna sapere con molta chiarezza, che occorreranno tempo e fatica, da parte dell'*erigendo* manager e dell'imprenditore, per recuperarlo. Occorrerà ricordarsene, mentre lo si tiene monitorato.

Un'ultima considerazione. Dietro alla scelta di un direttore per la propria azienda, da parte dell'imprenditore, c'è un problema ricorrente, di cui non si coglie la potenziale pericolosità. Viene compiuto più o meno consapevolmente, ma sempre nella convinzione di fare cosa buona e giusta; di qui, la sua reiterazione. Di cosa si tratta? Ne abbiamo accennato indicando nell'*alter ego* dell'imprenditore, la più appropriata definizione del manager.

Questo è il punto: per facilitare i rapporti personali, per la speranza di una omogeneità di vedute, di una effettiva interscambiabilità di scelte e decisioni, per un comprensibilissimo bisogno di sicurezza, di tranquillità, l'imprenditore cerca nel manager, il suo clone. Credo che molti considerino la cosa come logica e normale e che perciò si stupiscano della premessa fatta in apertura di paragrafo, ma evitando di prendere in considerazione, semplicemente per quieto vivere, una figura sostanzialmente contrapposta, ci si priva della grande opportunità di una complementarietà fra le figure di maggior rilievo dell'azienda.

Certo, il confronto non è facile, gestire i contrasti è addirittura molto difficile; all'imprenditore sono richieste grande intelligenza ed ancor maggiore sensibilità, cercando di agevolare la posizione del manager, che dei due, è certamente quello in maggior difficoltà. Lui, si trova di fronte il suo datore di lavoro, non un subalterno. A volte può essere assai complicato porsi in contrapposizione. Ma non è mai valutata abbastanza, la ricchezza che può scaturire da una tale collaborazione.

Non si dimentichi che un ruolo di "potere" soffre di grande solitudine. Salvo rare eccezioni, si è circondati di persone che non esprimono un loro parere - pure essendo in grado di elaborarlo - che cercano di essere compiacenti almeno quanto sono critiche, in separata sede. Di solito, un confronto vero, di una qualche utilità, è possibile solo al di fuori dell'azienda; talvolta si riesce a realizzarlo in sede di associazione di categoria, o magari ad un seminario. Molto raramente insomma e comunque, con persone che non vivono la realtà della fabbrica, che non conoscono il dettaglio dei problemi. Discuterne con il più importante dei propri collaboratori, sarebbe prezioso per l'azienda, oltre che per i diretti interessati.

Non servono rapporti di amicizia, per un contraddittorio professionale, anzi. È il manager qui, a dover dimostrare intelligenza e sensibilità nel mantenere le cose sul giusto piano, nell'assoluto rispetto dell'imprenditore, dei suoi spazi, senza allargamento di confini, né invasioni di campo. Va da sé, che il manager debba poi sostenere, con tutte le forze, anche le scelte che egli non avrebbe fatto; ma che una volta effettuate, diventano totalmente sue. Senza rimpianti. Che non abbia mai a saltar fuori la frase: «io l'avevo detto...». Potrebbe solo rappresentare il segnale di arrivo al capolinea; di fine di un rapporto di (non) collaborazione.

Resta ancora un altro aspetto da evidenziare; sinora si è fatto cenno alle opportunità che il dibattito è in grado di fornire mentre inizialmente si era espressamente parlato di un potenziale pericolo, che ancora non è emerso. Il rischio è implicito, ancora una volta, nell'omogeneità delle valutazioni. Oltre al fatto che due pareri concordanti su di una stessa questione (al di là del reciproco conforto) possono essere addirittura superflui, esiste la concreta possibilità che in determinate circostanze, a margine delle attitudini personali e della competenza sia dell'imprenditore che del manager suo clone, nessuno in azienda sappia leggere per tempo una difficoltà incombente o affrontare nel modo corretto alcune tipologie di problemi. In sostanza, ci sarebbero casi che il management aziendale non saprebbe gestire con un'adeguata professionalità e che, proprio per questo motivo, potrebbero rivelarsi estremamente pericolosi.

La differenza algebrica fra gli effetti, in positivo ed in negativo, derivati dalla scelta del manager, suggeriscono una precisa indicazione: non cercate di tenere al vostro fianco, chi vi rassomiglia di più. Anche se ciò, costa molto di più in termini di dedizione e impegno.

La cosa vale per l'imprenditore ed il manager, così come per il manager ed i suoi collaboratori. Non è una decisione facile da prendere e lo è ancor meno, la sua pratica quotidiana. Ma l'obiettivo non è la quiete, è la tempesta dei cervelli.

4. Input per il manager

Se si vuole che il rapporto fra proprietà e dirigente e fra questi e il personale - i suoi collaboratori diretti e tutti i dipendenti - sia corretto e proficuo, bisogna cominciare a mettere le cose in chiaro, proprio con lui/lei, con il capo.

I concetti, i punti fermi, che la proprietà comunicherà, prima ancora che la collaborazione abbia inizio, possono essere i seguenti:

- la mission aziendale;

- l'organigramma;

- il mansionario e le sue priorità;

- le deleghe;

- i suoi obiettivi a breve, medio, lungo termine;

- quota variabile di retribuzione connessa ai risultati;

- clausole contrattuali particolari, aggiuntive;

- una schedulazione dei loro incontri;

- il tipo di report (frequenza e contenuti);

- le abitudini della proprietà, preferenze, tabù;

- i valori aziendali (codice etico).

Saranno inoltre trasmessi i principi cardine, le linee guida del comportamento del dirigente, le prime indicazioni operative. Entriamo ora nel merito dei punti elencati e vediamo in dettaglio quelli più significativi.

La mission: è un documento strategico, troppo di frequente trascurato e snobbato, considerato come un esercizio lezioso, di facciata, scontato nei contenuti; di solito la sua stesura è dovuta alle norme della certificazione ISO 9001 dopo di che, spesso, finisce dimenticato in fondo ad un cassetto.

In realtà, se è ben fatto, ossia breve e concreto, è uno strumento di lavoro irrinunciabile, utilissimo per non disperdere poi, in mille occasioni, energie e tempo prezioso (quindi, danaro). Vediamone un esempio:

«L'Azienda si prefigge di consolidare e migliorare la posizione di primo piano che occupa sul mercato nazionale e di acquisire il maggior numero di clienti possibile in campo internazionale.

L'Azienda persegue l'obiettivo di essere il maggior produttore mondiale (o europeo, o italiano) di almeno un prodotto.

L'Azienda ispira la propria azione alla soddisfazione delle esigenze della clientela e si impegna a raggiungere risultati economici di eccellenza nel quadro degli indirizzi della Direzione Generale.

In particolare, intende qualificarsi come azienda leader, partner ideale per l'identificazione e la soluzione dei bisogni della clientela, distinguendosi per la qualità dei prodotti e dei servizi forniti al mercato.

Le attività della società saranno sempre svolte nel rispetto delle leggi civili e penali in vigore, delle norme contrattuali nazionali ed aziendali.»

In meno di una pagina, sono condensate indicazioni di altissimo peso specifico, capaci di indirizzare i progetti aziendale e anche, di sterilizzare sul nascere una serie infinita di contrasti, su possibili alternative.

In assenza di chiari riferimenti infatti, qualsiasi difficoltà aziendale potrebbe accendere discussioni, irritazioni e conflitti fra le persone, comportamenti sbagliati; tutte patologie, fra l'altro, ad elevato rischio di contagio.

Per stare sul concreto, un esempio appropriato è quello rappresentato dalle reazioni a catena innescate da reclami e contestazioni della qualità presentate da piccoli Clienti. Non appena queste ingenerassero fastidio, nelle persone che, a vario titolo, vi si trovano coinvolte - addetti alla qualità, commerciali, tecnici, produttivi - vuoi per la loro frequenza, vuoi per le difficoltà di trovare una soluzione adeguata, farebbero scattare una crociata per togliersi di torno quei clienti che presentano lamentele inversamente proporzionali al loro piccolo fatturato. Il risultato è una babele nella quale le uniche cose certe, sono negative: difetti non eliminati, disservizio, probabile perdita del Cliente, perdite di tempo, danni economici, grave deterioramento d'immagine. Tutto ciò non ha ragion d'essere e non succede, se la mission dell'azienda è quella di avere il maggior numero possibile di clienti e di soddisfare le loro esigenze. Se le direttive sono queste, non può esistere il problema di ‹come mandare al diavolo il Cliente rompiscatole› ma solo, quello di come accontentarlo.

È chiaro che una simile scelta, favorendo l'acquisizione di molti piccoli clienti, finisce per appesantire la gestione ma, d'altro canto, se ne possono ricavare diversi benefici. A breve, dà visibilità e immagine, a medio e lungo termine favorisce qualità e innovazione, mentre in prospettiva, avere una clientela numerosa e di conseguenza un forte frazionamento del fatturato, può divenire un vantaggio strategico molto importante. Se dovesse capitare, come successe a me in azienda, di perdere uno dei primi clienti - una società che chiuse i battenti - la percentuale di fatturato perso, da recuperare, non sarebbe particolarmente significativa. Nel mio caso, quell'anno, il consuntivo delle vendite superò comunque il budget. Pochi grossi clienti, sotto diversi aspetti rappresentano un'agevolazione, una notevole semplificazione, ma anche un rischio notevole; sappiamo tutti quante piccole aziende fornitrici di grandi industrie sono "saltate" se il loro principale cliente, in difficoltà per sé, ha chiuso loro, i rubinetti. In Italia abbiamo casi emblematici in tal senso. Un'ultima annotazione sul concetto di qualità che è venuto a galla, approfondendo questo punto. Una buona qualità non è caratterizzata da promesse mirabolanti da fare, al Cliente, in fase di offerta, ma dalla velocità di reazione e dal rimedio impeccabile offerto, insieme alle proprie scuse, nel malaugurato caso di un errore. È fondamentale fornire un tipo di risposta che vada incontro al Cliente, non cercare di difendersi, porsi in antagonismo, accampare scuse o giustificazioni. Bisogna essere solo disponibili e premurosi.

Un buon ‹sistema qualità› non può garantire la totale eliminazione degli errori ma può consentire la loro rapida e progressiva diminuzione, sino a valori prossimi allo zero, attraverso la comprensione e la rimozione delle cause. È da considerare un buon segnale se ogni eventuale errore fosse sempre "nuovo".

Scrivete subito, se già non l'avete fatto, la vostra mission; eventualmente rivedetela, aggiornatela. Fate in modo che tutti la leggano, consegnatela a tutti i dipendenti, appendetela in bacheca; rendetevi disponibili ad illustrarne in modo più approfondito, i contenuti. La mission aziendale traccia una rotta precisa; perché come diceva Seneca, - *nessun vento è quello giusto, se non si sa dove andare* - .

Il mansionario: riporterà in premessa, le responsabilità identificative della funzione. Ad esempio: il Direttore di Stabilimento è responsabile dell'ottimizzazione e del massimo risultato delle risorse umane e tecniche ad egli assegnate.

A seguire, semplicemente elencate ed in estrema sintesi, le responsabilità delle funzioni di riferimento diretto (come Produzione, Ufficio Tecnico, Acquisti, ecc.) sia di quelle assunte *ad interim* (ad es. Contabilità industriale) come accade di regola in aziende delle dimensioni indicate, senza scendere in inutili e dannosi dettagli; per quanti se ne inserissero infatti, ne mancherebbe sempre qualcuno, non avrebbero tutti la stessa validità temporale, né la stessa importanza, sarebbero difficili da ricordare. Importante invece, mettere in risalto le priorità della mansione, quali aspetti sono più importanti per l'azienda (ciascuna ha una sua storia, con i suoi punti fissi) - quello più critico, quello più determinante, quello con maggior potenziale -. Vanno evidenziati con precisione gli argomenti su cui si vuole vengano indirizzati in maggior misura, il tempo e le energie del manager.

Le deleghe: alcuni compiti, tipici della Direzione Generale, nel caso in cui, come nel nostro, il ruolo sia ricoperto direttamente dalla proprietà, saranno delegati al manager, al Direttore dello stabilimento. Si tratta, ovviamente, di una scelta di opportunità. Vi sono situazioni dalle quali è molto meglio che il titolare, il "padrone" si tenga lontano; per questioni di opportunità.

Due esempi per tutti: le problematiche del personale (eventuali provvedimenti disciplinari, il trattamento di richieste economiche o di inquadramento professionale) e la gestione dei rapporti sindacali. È chiaro che il titolare avrebbe anche maggiori titoli per esprimersi in merito, oltre ad una indiscutibilmente più elevata, voce in capitolo, ma il rischio di forzature, di passare dal piano della logica, delle regole, a quello emotivo, di una eccessiva personalizzazione, potrebbero complicare, di molto, i problemi sul tappeto. Molto meglio lasciar fare, utilizzare la possibilità che un delegato prenda tempo e suggerire da dietro le quinte.

Obiettivi: del manager. L'azienda, avrà cura di indicare dove punta ad arrivare, ovvero quale traguardi pone, scaglionati nel tempo, al suo principale responsabile. I principali riferimenti deriveranno dai tre punti chiave cui si è accennato in prefazione e attraverso i quali l'azienda può pervenire ad occupare, sul mercato, posizioni d'eccellenza:

- I° la qualità del prodotto,

- II° la qualità del servizio,

- III° il costo sostenuto per il loro ottenimento, ovvero un prezzo competitivo - vincente in rapporto alla qualità fornita - ma sufficientemente remunerativo.

La concomitanza di valori di alto livello di tutti e tre punti, rappresenta il presupposto per il successo dell'azienda; se uno dei parametri è deficitario, bisogna che gli altri due sopperiscano salendo ulteriormente di livello, altrimenti la "navigazione" può diventare pericolosa. Di certo, si fa difficile; inoltre, oggi come oggi, lo spazio di tranquillità fra chi primeggia e chi lotta per sopravvivere, si è ristretto tantissimo. È una sorta di campionato dalla classifica molto corta: se non si lotta per la vittoria, si rischia di retrocedere.

Se ad essere scarsi, fossero due dei tre punti chiave, il rischio di affondare è forte; di certo, una nostra azienda, così come una della comunità europea o di uno dei paesi più industrializzati, non può sopravvivere se mancano entrambi i parametri di qualità. Senza qualità, sarebbe pura follia pensare di poter competere solo tramite il prezzo.

Premi: legato ai traguardi sopra citati, verrà proposto un riconoscimento economico, che funzionando da quota variabile di retribuzione possa incidere, anche in maniera rilevante, sugli introiti complessivi del manager. Nella sostanza, il guadagno individuale può essere elevato solo in proporzione ai risultati generali e personali.

Clausole contrattuali particolari: il suggerimento è per una sola clausola. La firma cioè di un patto di ‹non concorrenza› in caso di cessazione del rapporto di collaborazione. La cosa non appaia come un gesto di sfiducia; al contrario, mettere in chiaro i (corretti) comportamenti che si terranno in caso di rottura, è il modo migliore per gettare le basi di un ottima collaborazione. La trasparenza è una grande virtù ed è sempre molto apprezzata. Non è inoltre da trascurare che la delicatezza degli argomenti consente di poterci ragionare serenamente solo in una situazione di concordia ed in vista di positivi sviluppi; sarebbe assai poco intelligente, oltre che estremamente improduttivo, aspettare a parlarne quando le cose dovessero andare male. Anziché costituire un rimedio ed una giusta salvaguardia per l'azienda, potrebbero solo accelerare il precipitare degli eventi e favorire una rottura del rapporto di lavoro drammatica e reciprocamente dannosa.

L'entusiasmo che generalmente connota le fasi iniziali di situazioni potenzialmente positive, può indurre ad evitare il riferimento ad argomenti spiacevoli o sgraditi: non si abbia questo timore; sarebbe la cosa più sbagliata in assoluto. Quello che si potrebbe immaginare come un temporaneo accantonamento, ha un'altissima probabilità di diventare definitivo, perché il momento giusto non arriverebbe più. Certamente non sarebbe idonea una situazione di crisi poiché, come detto, se ne aggraverebbero solo le conseguenze. Il momento ideale è quello iniziale. Tutte le cose "difficili" vanno dette subito, con grande chiarezza, senza addolcirle e/o sminuirle. Sarà apprezzato il fatto di averle dette in anticipo e soprattutto, saranno accettate come giuste, naturali. E saranno ricordate.

Solo qualche breve commento sui tre punti successivi: per quanto riguarda la **schedulazione** degli incontri, salvo eccezioni, sarebbe opportuna una frequenza settimanale, breve, max un'ora, con una "scaletta" predefinita di argomenti. Rispettando scrupolosamente il tutto.

Anche il **report**, salvo eccezioni, potrebbe seguire la tempistica degli incontri; i contenuti saranno relativi ai parametri economici e gestionali più significativi e dovranno senz'altro affiancare ai dati i relativi scostamenti rispetto al budget.

In stretta connessione con l'argomento di cui si parla, appaiono opportune, a questo punto, alcune considerazioni. È chiaro che parlando di verifiche e controlli, così come di previsioni, valutazioni, ipotesi, ci si debba esprimere con delle cifre, dei dati precisi. In alcuni casi potranno essere frutto di stime più o meno attendibili - un valore, può anche essere seguito da un livello di probabilità - ma ci si esprimerà sempre con dei numeri; non con dei concetti astratti ma con valori misurabili e confrontabili. I dati raccolti, ai vari livelli di responsabilità, in ogni   servizio e funzione dell'azienda, andranno a costituire una sorta di plancia di controllo, tramite il quale sia possibile verificare, con un colpo d'occhio, l'andamento aziendale e   ricavare, nel contempo, precise indicazioni per i necessari approfondimenti, in caso di insoddisfacente risultato di uno, o più indicatori.

È assai importante, nella scelta dei parametri da raccogliere e monitorare, predisporre un accurato incrocio fra gli stessi, in modo da impedire "fantastici effetti speciali". Non deve essere possibile mostrare buoni risultati attraverso trucchi contabili; un indice può apparire ottimo se, dal conteggio, vengono stornati alcuni dati - deleteri - dirottandoli su altre voci, escluse dal procedimento di verifica. Termino l'*excursus* con una esortazione: ammessa ma non concessa, la buona fede della modifica di imputazione, non si devono lasciare in giro tappeti sotto i quali sia possibile nascondere la spazzatura.

Per quanto concerne le **usanze** (abitudini, preferenze e tabù) della proprietà, l'augurio - questa volta rivolto al manager - è che l'elenco sia il più normale ed il più breve possibile.

Valori aziendali: sarebbe una gran bella cosa se fossero raccolti in una sorta di codice etico, aziendale. Diciamo che di solito manca e aggiungiamo anche che, in molti casi, l'argomento non è preso in considerazione. I motivi principali sono almeno due. Il primo, è quello di una scarsa fiducia nella forza, nell'effetto trainante, nello spirito di squadra che la trasmissione e il perseguimento di comportamenti ed atteggiamenti virtuosi e condivisi, potrebbero suscitare. Forse li si sottovaluta; forse, almeno in parte, li si ignora.

Il secondo motivo, certamente peggiore del primo, è la paura dell'incoerenza, il timore della perdita di credibilità che travolge tutti coloro che predicano bene e razzolano male. Perciò molti glissano. Sbagliando, e di grosso.

Il rimedio non è certo quello di evitare di proporre valori di riferimento. Valori che viceversa, possono costituire un'energia, una motivazione supplementare per le persone ed un sostegno determinante ad un buon clima aziendale. Non dimentichiamo che in azienda passiamo una parte importante della nostra vita. Durante la settimana, siamo più a contatto con i colleghi di lavoro che con i nostri familiari. Al di là dei dati di risultato, l'unico tratto comune non può essere rappresentato dal contratto di lavoro.

Come per la mission, vediamo un esempio pratico dei valori l'azienda potrebbe trasmettere a tutto il personale richiedendone il rispetto e l'impegno proporzionato alle responsabilità, a farlo rispettare.

I valori di riferimento dell'azione e dei comportamenti del personale sono i seguenti:

- *L'onestà*

- *La lealtà e la correttezza nei rapporti*

- *L'orientamento alla collaborazione con tutti i colleghi per il perseguimento dei comuni obiettivi*

- *Il rispetto e la cura delle persone*

- *Il rispetto e l'uso oculato dei beni e delle risorse aziendali*

Ad evitare il rischio di una eccessiva semplificazione, i valori aziendali sono richiamati ed ampliati, inseriti nel contesto quotidiano. Quindi, in particolare:

- Tutti sono tenuti al rispetto delle persone a prescindere da etnia, provenienza, caratteristiche fisiche, religione; dall'eventuale appartenenza a partiti politici, associazioni e/o organizzazioni sindacali e sociali.

- Le relazioni tra i diversi livelli di responsabilità devono sempre essere improntate, al reciproco rispetto, correttezza e lealtà.

- I responsabili delle varie funzioni o di unità operative devono esercitare il potere loro conferito dall'azienda con serenità, imparzialità ed equilibrio, nel massimo rispetto della dignità personale dei collaboratori. Essi devono altresì costantemente curare e favorire la crescita professionale di ogni collaboratore.

- Le persone sono il più importante bene aziendale. Nessun obiettivo è raggiungibile senza lo sviluppo delle capacità e l'aggiornamento professionale. La gestione del personale è improntata esclusivamente a criteri di professionalità e deve garantire ad ogni collaboratore opportunità di crescita ed adeguati riconoscimenti (non ultimi quelli di carattere economico) in relazione al contributo fornito al successo aziendale.

- La sicurezza dell'ambiente e dei posti di lavoro sarà perseguita con il massimo scrupolo.

- Ogni dipendente, nell'ambito delle responsabilità connesse al ruolo ricoperto, fornisce il massimo livello della propria professionalità per soddisfare i bisogni del CLIENTE (esterno) e del suo "Cliente interno". Cliente interno è il collega immediatamente a valle nel processo aziendale; colui/colei che riceve il nostro lavoro o il nostro servizio. Tutte le attività aziendali sono considerate nell'ottica di un rapporto Cliente/Fornitore; eventuali disservizi saranno dichiarati e per quanto possibile, risolti direttamente. In caso di contestazione, questa sarà sempre ed esclusivamente costruttiva - rivolta ad un fatto, non alla persona - propositiva e documentata.

- Non è gradito e sarà mal tollerato, il turpiloquio.

- Chiunque venga a conoscenza di falsificazioni, alterazioni e/o omissioni di registrazioni o scritture contabili all'interno dell'azienda è tenuto ad informare immediatamente il proprio referente gerarchico.

- In tutti i rapporti con controparti esterne il Personale deve tenere un comportamento improntato alla massima correttezza. Sono da evitare omaggi di cortesia, atti di disponibilità di qualunque tipo che, non avendo valore puramente simbolico, possano essere interpretati come finalizzati ad ottenere un trattamento di favore, o comunque ad influenzare decisioni. Il personale che riceva, o abbia richieste da controparti, di benefici di qualsiasi entità o natura, deve informarne immediatamente il proprio referente gerarchico.

- Il CLIENTE è collocato al centro dell'attività aziendale ed obiettivo prioritario è la sua soddisfazione. Risulta di fondamentale importanza basare i rapporti su presupposti di professionalità, disponibilità, cortesia, affidabilità e serietà. Tali rapporti devono essere tenuti con la massima trasparenza e nel rispetto delle normative e leggi vigenti. L'Azienda rifiuta vendite e tecniche di vendita, non rispondenti a corretti criteri di deontologia professionale.

- Sulla base degli stessi principi, devono essere tenuti i rapporti con i fornitori. La loro selezione va improntata a valutazioni obiettive di qualità, prezzo nonché modalità di servizio.

- Sono da evitare le affermazioni di qualsiasi tipo che possano mettere in cattiva luce un concorrente.

- E' responsabilità comune mantenere un ambiente di lavoro coerente con i valori indicati, collaborando responsabilmente e solidalmente per il miglioramento continuo delle relazioni interpersonali.

Infine, **le linee guida**, specifiche del manager, le prime indicazioni operative. Come già affermato in precedenza, il responsabile, proprio in virtù del suo ruolo, ha dei doveri aggiuntivi; gli sono richiesti particolari atteggiamenti e comportamenti. L'opera del manager è considerata buona solo se vengono contemporaneamente soddisfatte le tre condizioni di far bene il proprio lavoro, lavorare bene nel gruppo, lavorare bene per l'azienda. Vediamo, di nuovo, qualche esempio.

A ciascun livello di responsabilità è richiesto - e premiato - il raggiungimento di uno specifico obiettivo: la creazione, ovvero l'identificazione, la formazione, lo sviluppo, di uno stretto collaboratore in funzione di alter ego. Non sarà premiata ma viceversa, considerata elemento di giudizio negativo, un'eventuale insostituibilità ovvero, la presenza di compiti, problematiche, situazioni che possano essere gestite e/o risolte, esclusivamente da una persona. La regola vale anche per taluni aspetti dell'operatività del manager che potrebbero non risultare delegabili per la delicatezza dei contenuti o per la riservatezza delle necessarie informazioni. In questi casi, sarà la proprietà ad essere direttamente coinvolta, seguendo la pratica fianco a fianco con il manager.

Non so se qualcuno si sarà meravigliato di queste indicazioni, ma credo che tutti coloro che gestiscono aziende medio – piccole ne abbiano capito perfettamente il senso. È infatti ancora un problema generalizzato quello del know how aziendale non formalizzato, non custodito in una metaforica cassaforte aziendale, ma sparpagliato in tante teste, frazionato in mille modi diversi nel cervello dei responsabili, dei collaboratori, del personale. Quante volte deve ancora succedere di trovarsi in tragi-comici momenti di *impasse* perché manca l'unica persona che sa fare una certa cosa?

Il manager è il responsabile dell'azienda, perciò a lui risalgono tutte le responsabilità.

Anche se può contare su una squadra di collaboratori, capi ufficio, capi reparto, a loro volta sono investiti di specifiche responsabilità, di fronte alla Direzione Generale, alla proprietà, è il manager che si assume la responsabilità dei risultati, delle problematiche aziendali, delle azioni correttive, dei piani di miglioramento. Non è accettato, anzi è proibito, lo scarica-barile. La responsabilità è sua, anche quando il problema non lo riguarda direttamente, ma dipende da uno dei suoi collaboratori; è sua anche quando non è in azienda. Non importa che sia per lavoro o per vacanza.

Il responsabile non si può nascondere dietro il non sapere, il non aver presenziato, l'aver dato indicazioni corrette ancorché disattese. Rientrano nei suoi compiti la guida, la formazione, il controllo dei collaboratori.

In definitiva, se è veramente in gamba, è sempre in prima fila a prendersi la responsabilità e si mette in coda al momento di raccogliere elogi, lasciando spazio ai collaboratori che lui martirizza e che lo sopportano ogni giorno.

Sia ben chiaro che responsabilità non significa "colpa" ma pensare a come risolvere o minimizzare - nel senso di ridurre al minimo - i problemi che si presentano.

Responsabile è chi sa incidere sulle cose, cambiarne il corso. Viceversa, non si è responsabili dei fatti, degli avvenimenti che non si riescono a "condizionare" ad indirizzare. Si richieda inoltre al manager, in modo netto e chiaro, di esporre eventuali critiche, sempre e solo verso l'alto, cioè con la proprietà - e ogni responsabile con il suo referente - evitando qualsiasi esternazione verso i propri collaboratori. Cercare credito e comprensione per le difficoltà incontrate e/o per le teorie sostenute infatti, rischierebbe solo di creare contrapposte fazioni, di innescare un clima di sfiducia e pessimismo. Questo ovviamente, non significa nascondere i problemi, tutt'altro. È piuttosto un invito a focalizzarsi su di essi, sulle azioni utili al loro superamento, senza inutili dispersioni di tempo, energie e denaro, in critiche e/o nella ricerca di colpevoli o presunti tali.

La proprietà inviti infine il manager a presentare, ad una data da lui stesso prestabilita, comunque a breve termine (inferiore al mese), un piano di miglioramento aziendale. La richiesta può apparire forzata, specie in prima battuta, ma al di là dello scopo dichiarato, comunque valido, di stimolare il miglioramento continuo, racchiude in sé altri scopi, più o meno evidenti, ma non per questo di minore importanza. Una delle intenzioni è quella di spingere un responsabile a dichiarare i suoi obiettivi. È un ottimo metodo per evitare qualsiasi contestazione sul target; anzi, si può forse fare il bel gesto di ridimensionarlo un poco. Già, perché è incredibile quanto in alto venga, in genere, posto il traguardo, quando lo si lascia scegliere al diretto interessato. Non saranno tuttavia accettati, obiettivi tanto elevati da risultare irreali; così come saranno rifiutati quelli insignificanti o eccessivamente al ribasso.

Altro scopo (della richiesta) del piano di miglioramento è quello di sviluppare la competenza specifica. Per identificare e scegliere, i punti da ottimizzare e riuscire a quantificarne il cambiamento, occorrono approfondite ricerche ed una sempre maggiore conoscenza dei processi, di tutte le problematiche connesse all'ambiente di lavoro. Nel corso del primo anno di collaborazione, verrà chiesto al manager un aggiornamento trimestrale del suo piano di miglioramento. In seguito prenderà cadenza annuale e sarà presentato, di prassi, contestualmente al budget.

Riconoscendo ai sottintesi un'enorme quantità di errori, incomprensioni, perdite di tempo e di denaro, diciamo qui chiaro e tondo, che il miglioramento in oggetto va ricercato a parità di condizioni, ovvero, non si può pensare di risolvere i problemi attraverso rilevanti investimenti finanziari. Potrà evidentemente servire qualche acquisto mirato ma la sua entità dovrà essere estremamente limitata, contenuta nell'ordine delle migliaia di euro, in cifra singola. Tuttavia, la prima volta che il piano viene richiesto al manager, è consigliabile non specificare quanto appena esposto, lasciandolo agire in piena libertà. È molto istruttivo vedere come si comporta. Salvo poi, evidentemente, farlo ricominciare da capo se il risultato non corrisponde, anche solo parzialmente, alle aspettative. Senza temere di apparire antipatici; siate anzi molto rigidi e pignoli, pur mantenendo cortesia e correttezza. Il compito da rifare, di primo acchito, mette certamente ansia e disagio, ma costringe a rivedere il tutto con molta attenzione, a non trascurare più alcuni aspetti invece significativi. Sono momenti questi, in cui si impara moltissimo; si focalizzano informazioni che non si scorderanno più.

Più avanti nel tempo, queste cose andranno dette, al diretto interessato; gli si spiegherà che avevamo bisogno di capire come se la sarebbe cavata, quanto fosse necessario accelerare la conoscenza della barca di cui prendeva il comando, quanto era importante per noi sapere se il comandante sapeva affrontare il vento forte e il mare mosso. Le persone intelligenti, sorrideranno, apprezzando.

Analogamente, il manager solleciterà a ciascuno dei responsabili di cui è referente, la stesura di un proprio piano di miglioramento, relativo alla sua area. Si domanderà anche al manager, di presentare, con una scadenza a medio termine (due – tre mesi) la sua pianificazione del tempo, rapportata alle sue priorità.

È un punto questo, la cui importanza è inversamente proporzionale all'attenzione che gli viene concessa. In tanti anni di lavoro mi ha sempre stupito moltissimo infatti, quanto sia trascurato da imprenditori e manager. Parrebbe ovvio, persino lapalissiano, stabilire quali sono le cose più importanti da fare e quanto "spazio" dedicare loro, eppure sembra che la cosa non interessi affatto. Mi correggo; come argomento di discussione interessa, ma se si tratta di tradurre le parole in azioni concrete, di formalizzare un metodo, di indicare dei dati oggettivi e misurabili, allora si inceppa tutto. Incredibile, ma è così. Una volta di più, si pretende sempre molto dagli altri, ma è assai difficile che ci chiediamo cosa potremmo fare noi, da parte nostra, per migliorare le cose.

In uno dei capitoli precedenti si è fatto esplicito riferimento alla possibilità che l'imprenditore svolga delle mansioni "inferiori" al suo ruolo. Ma se esiste il problema per il titolare dell'impresa non è forse lecito supporre che sussista anche per il manager, o per qualsiasi altro responsabile? Ovviamente si; per il manager (come per i capi intermedi) il problema non solo esiste ma, come vedremo più avanti, assume dimensioni preoccupanti. Moltissimi responsabili per un malinteso senso di collaborazione, svolgono compiti che non sono i loro; per ovviare a delle urgenze eseguono direttamente un lavoro invece di insegnarlo a qualcuno.

La mancanza di una pianificazione spinge ad interessarsi ed a seguire da vicino qualsiasi fatto. Nella maggior parte dei casi, rispetto al pensare come evitare che un problema si ripresenti, prevale la tentazione di risolverlo in prima persona. Il guaio è che poi c'è chi considera questo tipo di capo, come un salvatore della patria.

Molti titolari (o forse, tutti) dimostrano di apprezzare il manager che si "sporca le mani". Una volta di più, se si tratta di dare un esempio ben venga, ma il fatto è che l'azienda si viene a trovare con un impiegato d'ordine (o un operaio) in più, pagato a peso d'oro rispetto al lavoro svolto, ma senza un dirigente. I cui compiti restano inevasi, abbandonati nei cassetti della sua scrivania o comunque affrontati con colpevole ritardo.

La programmazione del proprio tempo è un aspetto della cultura anglosassone che sarebbe assai opportuno fosse approfondita ed assimilata dai nostri manager - e dai nostri imprenditori -. So di inoltrarmi in terreni insidiosi, perché questo è uno degli argomenti meno graditi dai signori sopra citati. Innanzi tutto, perché l'interesse per la pianificazione della propria giornata "suona" quasi come un'intromissione nella sfera del privato, in secondo luogo, perché va ad intaccare un'affermazione così universalmente accettata ed apprezzata, che sembra quasi offensivo metterla in dubbio: ‹il manager bravo, importante, ha molto da fare; quindi, non ha mai tempo a sufficienza›.

Che abbia molto da fare, è certamente vero. Che non abbia molto tempo libero, è altrettanto vero. Se invece non ha mai abbastanza tempo, la cosa cambia aspetto, il problema forse, è un altro. Magari, potrebbe non essere così bravo… oppure, con ogni probabilità, dovrebbe vedere di pianificare meglio la sua giornata.

Se può essere abbastanza scontato raccogliere un largo consenso riguardo quest'ultima affermazione - ciascuno di noi potrebbe concordarvi - è altrettanto prevedibile la generazione di un diffuso disagio se solo si cerca di entrare concretamente nel merito, tale è l'anomalia rappresentata dall'argomento rispetto alle nostre abitudini, al nostro modo di fare.

Per programmare con efficacia la giornata lavorativa, occorre partire dall'accurata verifica delle modalità d'impiego delle proprie giornate, eseguendo periodicamente una sorta di "inventario" del tempo, cui seguirà un'analisi articolata ed approfondita, delle informazioni raccolte. Su questa base, si innesta la fase di effettiva pianificazione supportata da poche, utili, indicazioni; una breve serie di valutazioni conclusive porterà rapidamente alla definizione del piano di lavoro. Le modalità di raccolta, elaborazione ed analisi dei dati, e i criteri di programmazione, troveranno spazio in un prossimo capitolo. Non si tratta di procedure complicate per quanto meritevoli di una dettagliata esposizione; in effetti, le difficoltà non risiedono nella stesura di un programma di impiego del tempo, quanto nel realizzarlo e mantenerlo. Un adeguato sostegno sarà senz'altro fornito dall'elevato senso di responsabilità, presente in tutti i manager.

Ed anche dalla consapevolezza che in ogni giorno che Dio manda in terra, il tempo, è una delle pochissime cose di cui tutti disponiamo in eguale misura: sono vincenti, coloro che sanno usarlo meglio.

5. Startup management

Le prime mosse del manager, oltre ad impostare quella che
sarà la sua attività gestionale, caratterizzano il suo impatto
sull'azienda; indispensabili perciò, semplicità, chiarezza ed
evidenza. Le cose da fare subito sono: definire e comunicare a
tutto lo staff le proprie priorità (da cui deriveranno,
coerentemente, quelle di tutti i responsabili), rendersi conto
della situazione individuando i punti forti e quelli deboli
dell'organizzazione, creare il team dei collaboratori.

1 Le priorità

Vi sono diversi tipi di priorità: alcune connesse a parametri
temporali (di breve, medio, lungo termine) altre, a differenti
livelli o aree dei compiti manageriali (relative alla sua stessa
operatività, alla proprietà, a specifici servizi o alla globalità
dell'azienda). Ne consegue che diverse preminenze varino da
un'industria all'altra mentre alcune, di valore più generale ed
esteso, resteranno immutate a prescindere dalla tipologia
dell'ambiente di lavoro: sono queste priorità "costanti" a
determinare la struttura del nostro modello di management.
Un livello di priorità è orientato all'azienda in senso lato,
riferito quindi ai punti cardine della gestione; un altro livello
scende invece più sul dettaglio, focalizzandosi maggiormente
sull'operatività del manager, al fare quotidiano, all'interagire
con i collaboratori, affinché la normalità del suo lavoro venga
posta in coerente relazione con la visione di più ampio respiro.
Prima di entrare nel merito, un concetto importante, da tenere

sempre ben presente: le priorità debbono essere poche. Voler dare la precedenza a troppe cose è come non darla a nessuna. Diciamo che per ogni livello, cinque, potrebbe essere il numero massimo. Ma vediamo quali sono.

Priorità generali

I   Persone: cura dei rapporti, clima aziendale, formazione

II   Economia: visione in chiave economica dell'azienda, dei processi, delle scelte

III Miglioramento continuo: ottimizzazione delle risorse, qualità, sviluppo

A queste, possono ancora aggiungersi una o due priorità specifiche della propria azienda, relative a progetti di "fondo": ad esempio la preminenza di un prodotto o l'acquisizione di un mercato.

Priorità operative

I   Pianificazione personale: agenda

II   Controllo: osservazione, analisi dati, scostamenti, impegni, scadenze, mancanze, carenze

III Informazioni: richieste e fornite, riunioni e incontri

IV   Disposizioni: indicazioni e suggerimenti, proposte

V   Formazione: propria e dei collaboratori, delega, progetti a breve termine.

Le priorità operative si riferiscono alla quotidianità e da essa prendono spunto senza tuttavia esserne condizionate. Le azioni del manager debbono essere attivate dalla loro stessa importanza, non dall'urgenza dell'intervento.

È prassi comune tuttavia - e aggiungerei, purtroppo - che le precedenze siano invece determinate dagli imprevisti e dalla loro naturale impellenza inducendo tanti dirigenti ad interessarsi di problemi contingenti anziché lavorare in prospettiva, perché quelle stesse difficoltà non abbiano più a presentarsi.

Sarebbe bene cominciare a rendersi conto di come, nella maggior parte dei casi, le urgenze siano tutt'altro che importanti ma solo l'improvvisa evidenziazione di una preesistente carenza.

2 Verifica dello status quo

I primi passi del manager saranno dedicati all'esame della situazione in azienda, ad inquadrare lo stato dell'arte della sua organizzazione. Per prima cosa, si provvederà alla stesura di un diagramma di flusso delle attività aziendali e di tutti i suoi gangli decisionali.

Una buona mappatura della rete delle responsabilità (e delle autorità) non sarà tuttavia rilevata dai mansionari né dall'organigramma, ma dal monitoraggio dell'operatività, fedelmente riportato dal tracciato del diagramma.

Ipotizzando di partire dal contatto con il cliente per una richiesta/proposta di offerta, si percorre l'intero iter lavorativo, senza tralasciare alcuna fase, sino ad arrivare a quelle post vendita. Per ciascun passaggio, per qualsiasi problematica si possa presentare in qualsivoglia momento del processo, dovranno essere individuati i vari responsabili ed i loro referenti; evidenziando con cura le eventuali ramificazioni. Importante, per ogni punto critico, sorgente di problema, dubbio o controversia, che comunque richieda una scelta, arrivare a scrivere il nome della persona (e della funzione) che decide. Qualunque esso sia. Nel caso la decisione venga presa in altro loco, ovvero se colui che la comunica agisce da passa parola, dovrà essere messo bene in chiaro l'intero tragitto della scelta effettuata (compreso l'ultimo tratto di andata e ritorno con chi, ha effettivamente deciso). Se in particolari episodi potessero intervenire e decidere persone diverse, cioè più di un responsabile, dovrà essere puntualizzato il criterio di alternanza negli interventi.

Potrà succedere, viceversa, che in taluni casi non sia indicato alcun nominativo.

All'analisi in oggetto parteciperanno tutti i responsabili e preferibilmente, anche i loro diretti collaboratori. Un esame di questo tipo, già dalla sua proposizione, trasmette un messaggio di conoscenza, di chiarezza, di razionalità. Dallo screening delle informazioni si ricava una mappa delle criticità organizzative: si portano alla luce i "buchi" della rete gestionale; vengono posti in evidenza i nodi ed i grovigli di pericolose sovrapposizioni, i punti da cui sorgono con maggior frequenza, errori o disfunzioni. L'occasione è preziosa anche per portare sotto i riflettori quelle aree in cui le decisioni sono più deboli o arrivano in ritardo o comunque impiegando più tempo. L'analisi può suggerire anche un'eventuale, diversa distribuzione di alcuni compiti, portando a galla possibili incongruenze con la funzione di riferimento. Il coinvolgimento di più persone, anzi, del maggior numero possibile, non sia considerato uno spreco o una inutile fatica aggiuntiva. In realtà, anche se per vie traverse, è un'ottima maniera per informare; e per formare. Il personale, quantomeno, si toglierà dei dubbi o avrà conferme della correttezza del proprio agire. Più in generale, prenderà dimestichezza dell'intero processo, imparerà a chi rivolgersi evitando perdite di tempo, o l'innesco di probabili conflitti, o di qualche rimbrotto; avrà conoscenza dei punti deboli dell'organizzazione e capirà meglio i motivi di futuri interventi, di raccolta dati, di eventuali cambiamenti. Subito a seguire, passeranno sotto attenta radiografia mansionari ed organigramma, per eliminare gli sfasamenti eventualmente emersi ed allineare i documenti, alla realtà delle cose. Quello della credibilità ed affidabilità della documentazione interna è uno dei tanti problemi delle nostre industrie.

Sarebbe, evidentemente, uno dei più semplici da risolvere ma, forse proprio per questo, trascurato, sottovalutato, finisce invece per divenire fonte inesauribile di errori e di contraddizioni.

Succede infatti abbastanza spesso, che si fatichi a formalizzare le cose; così, una volta che (finalmente) lo si riesce a fare, si tira un bel sospiro di sollievo e si provvede a cancellare l'argomento - ahimè in via definitiva - dall'elenco delle cose in sospeso. Si trascurano gli aggiornamenti perché non c'è tempo, perché tanto lo faccio dopo, perché è cambiato poco, perché comunque tutti sanno del cambiamento... ecc. ecc. Di fatto, capita che importanti documenti, che hanno richiesto molto in impegno e tempo dedicato per la loro realizzazione, perdano progressivamente di valore e diventino riferimenti astratti, completamente staccati dalla realtà delle cose, quindi inservibili. Non a caso, finiscono per divenire introvabili non solo le stampe, talvolta anche i relativi files nelle directory dei computer.

Le norme della certificazione di qualità richiedono l'aggiornamento della documentazione ma spesso non basta; se manca lo spirito di agire con qualità, se le cose sono state fatte solo in quanto richieste, ovvero dovute e non perché se ne condividono i principi, succederà sempre che quanto si legge, non sia in linea con ciò che si vede.

Sarà pertanto opportuno porre in evidenza la precisa responsabilità di ciascun capo servizio, capo ufficio, capo reparto, per ogni arbitrario scostamento riscontrato fra una procedura e la concreta operatività.

Modifiche potranno essere apportate solo attraverso uno specifico percorso di proposta, analisi ed approvazione, mentre sarà esattamente identificato chi avrà il compito di registrare gli aggiornamenti. Il caos derivato dalla sostituzione dei vecchi documenti con quelli riveduti e corretti, sarà superato dall'eliminazione del supporto cartaceo; ad essere aggiornati saranno dei file resi disponibili - in sola lettura - su cartelle condivise, sempre accessibili, sulla rete telematica aziendale.

2 Formazione della squadra

Fra le priorità più elevate del manager, un posto di rilievo è riservato alla gestione dei suoi diretti collaboratori: quadri, capi ufficio, capi reparto, capi intermedi; alla loro formazione, alla creazione di una squadra compatta, determinata ed efficiente, di cui egli, è il coach.

Al team, saranno trasmessi, sostanzialmente, gli stessi principi - e le stesse richieste - già presentati al manager, adattati al ruolo degli interessati. A ciascun responsabile di reparto/ufficio, il manager richiederà pertanto la stesura di un piano di miglioramento - che egli dovrà poi, se del caso, integrare e coordinare fra loro e con il suo stesso piano - e la programmazione del tempo, in rapporto alle sue priorità.

Ancora un breve nota a margine del piano di miglioramento: oltre al già citato principio che un incremento debba essere perseguito a parità di condizioni, con i mezzi attuali, va da sé che lo sviluppo atteso debba dipendere esclusivamente dall'impegno del responsabile che ne elabora la pianificazione. Non è pensabile che si possa presentare un programma di implementazione i cui risultati dipendano da qualcun altro.

In parole povere, non può esistere la funzione ‹if, then› ovvero: solo se, Tizio, Caio e Sempronio fanno questo, questo e quest'altro, allora, io posso migliorare i miei risultati. Un piano del genere ha una sola destinazione: il cestino.

I valori aziendali chiaramente espressi ed accettati, indicano la filosofia di comportamento dei responsabili.

L'azienda, nelle sue linee guida, considera le persone, un primario fattore di competitività. Tale fattore, diversamente dalla tecnologia, non si può acquistare, ma va coltivato e sviluppato con costante e premuroso impegno.

Ai capi intermedi è affidato il compito di guidare il personale operativo alla concreta realizzazione degli obiettivi.

Di seguito, sono fornite alcune indicazioni su quanto è ritenuto necessario e prioritario fare da parte loro, suggerendo nel contempo, qualche esempio di coerente comportamento.

La premessa è nota: Il Responsabile ha più doveri degli altri, deve far bene il proprio lavoro, lavorare bene per la squadra, lavorare bene per la ditta. Ribaditi i concetti di partenza, l'obiettivo di implementare la competitività tramite il personale, viene favorito dai seguenti atteggiamenti dei capi reparto/ufficio:

- *I° SENSO di RESPONSABILITA'* *accettare di essere "sorgente" per qualcosa, qualcuno, per poterli influenzare.*

Quando si pensa che sono gli altri che ci limitano o che sono le circostanze ad impedirci, non ci si considera come *causa* del problema ma come *effetto*; in pratica, si mette in luce che non si è responsabili, ovvero non si è in grado di influenzare le circostanze, gli altri. Se invece si accetta di essere la "sorgente" delle cose, si pensa a quello che non si è ancora fatto, a che cosa si può fare di nuovo e di diverso per creare le condizioni per il cambiamento. Ad es. se non si è soddisfatti delle prestazioni di un collaboratore e si continua a portargli rancore, o ad essere critici nei confronti di tale persona, senza prima analizzare noi stessi, non si riuscirà mai a risolvere la situazione.

La reazione di "effetto" (di non responsabilità) è: «non esegue mai per bene quello che gli ordino». Ponendosi invece come "causa" (o sorgente) quindi in modo responsabile, si pensa: «devo ancora capire dove sbaglio nel dare ordini» o «non ho ancora fatto niente di efficace per aiutarlo a migliorare».

I nostri problemi irrisolti non debbono risalire l'organigramma, tornare cioè sul tavolo di chi ce ne aveva affidato la soluzione:

I°, perché se il mio responsabile fa il mio mestiere, non fa il suo.

II°, perché potrebbe essere autorizzato a pensare che, forse, non ha un gran bisogno di me.

Tuttavia, se ci sono cose che non funzionano e che, pur non dipendendo da noi, ci intralciano il lavoro, vanno fatte presenti. Se ci sono critiche da fare, all'organizzazione, ad alcune scelte, ad alcune particolari situazioni, vanno fatte, a tempo e luogo debiti; è importante però, che le critiche non vadano mai - all'ingiù - non siano mai propinate ai propri collaboratori ma sempre e solo - all'insù - presentate cioè al proprio referente, accompagnandole con appropriate motivazioni e possibilmente da una proposta di soluzione; o quantomeno dall'indicazione della situazione che sarebbe auspicabile avere.

- II° OPERATIVITA' importanza delle cose da fare e non dell'«essere»

Un Responsabile ha una lunga lista di cose da fare, molto eterogenee; anche se talvolta possono sembrare semplici, non sono quasi mai facili. E' evidente che non ci si possa proporre per il ruolo, senza avere una bella "molla" dentro di sé, un forte desiderio di esserlo; è importante tuttavia, che la propria gratificazione non derivi dal fatto che si ‹è› un Responsabile, quanto dalle cose che si fanno. Non importano la posizione occupata, il carattere che si ha, ciò che piace, le belle parole, i diplomi, le medaglie, ecc. Contano le cose concrete; il valore sta in quello che si fa e come lo si fa: risolvere problemi, coordinare, istruire, correggere, suggerire, aiutare… realizzare con il proprio gruppo, gli obiettivi aziendali prefissati. Logicamente, per fare, bene, occorre competenza; per quanta se ne abbia, non è mai abbastanza. Consideratela sempre un *work in progress*. La vostra parola d'ordine sia ‹miglioramento›. Non considerate come buona, una giornata in cui non è successo nulla, nella quale non avete avuto noie, bensì un giorno in cui avete cambiato qualcosa, operato un miglioramento, risolto un problema che domani non avrete più.

- III° CREDIBILITA' carisma scaturito da comportamenti competenti e coerenti

La credibilità non si compra e non salta nemmeno fuori automaticamente premendo un qualche tasto; di sicuro, cresce e si rafforza, come diretta conseguenza di tante cose ben fatte e coerenza di comportamento. Il "peso" di una buona credibilità è grande nei confronti del personale ed ha effetto su tutta l'organizzazione; è *enorme* se in negativo.

Sono fattori positivi per la credibilità:

- ammettere gli errori

- minimizzare i problemi (facilitandone la soluzione)

- la positività

- gli apprezzamenti positivi

- la coerenza

Sono fattori negativi:

- pensare di essere sempre dalla parte della ragione, che i problemi non dipendono da noi (vedi p.1)
- il ritorno di delega
- il pessimismo
- far finta di sapere
- la critica gratuita
- la ricerca del consenso a tutti i costi
- il protagonismo

La coerenza è un punto talmente importante (è così facile parlarne e nello stesso tempo, così difficile esercitarla e accettarla...) da meritare una ulteriore sottolineatura. Se una cosa è sbagliata per uno, è sbagliata anche per tutti gli altri; così come se è giusta per uno, lo è per tutti. Se qualche volta è sicuramente bene chiudere un occhio di fronte ad una mancanza, è assolutamente sbagliato lasciar *sempre* perdere con qualcuno mentre, a qualcun altro, non è concesso nemmeno un battito di ciglia fuori posto. Rispondere che uno è bravo e l'altro no, è un grave errore. In caso contrario, bisogna avere il coraggio di modificare le regole, come successe alla squadra di calcio del Napoli, ai tempi di Diego Maradona.

L'allenatore aveva imposto, ai suoi giocatori, la perfetta puntualità agli allenamenti; chi sgarrava, sarebbe finito fra le riserve. Succedeva però, che Maradona arrivava sempre in ritardo agli allenamenti, quando decideva di andarci. L'applicazione del regolamento avrebbe portato la squadra a scendere in campo senza il suo inarrivabile campione, dimezzandone, come minimo, il valore. La lotta per il Campionato e le Coppe, sogni inseguiti da sempre, sarebbe risultata pregiudicata in maniera irreparabile; ma prima o poi, anche il non intervenire, la mancanza di coerenza della società verso le proprie stesse regole, avrebbe certamente finito per ingenerare malcontento e malumori. Con lo spezzarsi dell'armonia, si sarebbero determinati guasti irreparabili, in senso alla squadra. L'allenatore allora, chiamò i giocatori e ribadì, a muso duro, che non avrebbe tollerato ritardatari all'allenamento infrasettimanale. Poi aggiunse: «la regola vale per tutti, meno che per Diego Maradona» -. Nessuno ebbe da eccepire.

- IV° CURA dei COLLABORATORI che non vuol dire "amico"

Ciò che non deve proprio esistere, è la soddisfazione di prevaricare e dominare gli altri. Ciascuno di noi, normalmente, ha già una discreta serie di problemi propri; non è il caso di aggiungerci anche quello di un cattivo ambiente di lavoro ed è senz'altro più produttivo che non vi si trovino delle persone che fanno di tutto per impedirci di starci volentieri. L'operaio non deve avere paura del Responsabile (paura è anche quella di sentirsi criticato e/o offeso). Viceversa, deve sapere che per qualsiasi problema di lavoro il suo Capo Reparto/Ufficio è lì per aiutarlo e per semplificargli le cose, perché sa cosa fare e come farlo. Se ci si trova davanti la persona un po' dura a capire (può capitare), c'è un punto fondamentale da tenere presente e ben impresso nella mente: *trattate gli altri per quel che sono e lo resteranno; trattateli per come dovrebbero essere e* (probabilmente)*, lo diventeranno.* (Goethe)

Il "probabilmente" è una mia aggiunta, perché mi è capitato, qualche volta, che la massima appena citata non abbia avuto un riscontro favorevole. Debbo però ammettere che non saprei spartire le percentuali di responsabilità della sua mancata attuazione, fra me ed il mio interlocutore. Resta pertanto inalterata la mia convinzione dell'assoluta validità dell'affermazione, così come ritengo opportuna l'aggiunta dell'avverbio che la mette, almeno parzialmente, in discussione. Come ho accennato, non va mai trascurata la nostra capacità di comportarci da elefanti in mezzo a dei cristalli.

Se ci concentriamo sui punti negativi di qualcuno per farglieli notare sperando che divengano positivi, in realtà per una naturale autodifesa del proprio operato, i punti negativi vengono giustificati in tutte le maniere, si fortificano e finiscono per danneggiare anche quelli positivi; il comportamento peggiora.

Il miglioramento di una persona è possibile solamente prendendo in considerazione i suoi punti positivi, enfatizzandoli e lavorando per rinforzarli; solo dopo che questi sono diventati molto forti gli si può chiedere anche, di cambiare "quei piccoli punti che non vanno".

Comportamenti conseguenti ai concetti espressi, sono:

- rispetto e fiducia agli altri, per ottenerli dagli altri.

- non far niente senza chiedersi come viene recepito (cosa hanno capito gli altri, di cosa hanno bisogno)

- dire cosa si vuole, insegnare a farlo, ascoltare e recepire le difficoltà

- discutere sempre quello che uno fa, non quello che è

- dire alle persone cosa fanno bene e aiutarle a dare il loro meglio

- comportatevi con gli altri come vorreste si comportasse con voi, il vostro capo.

Una ultima annotazione: per risolvere un problema è fondamentale capirlo, prima di poterne suggerire una soluzione. Non fate mai, per fretta e mancanza di tempo, l'errore di suggerire un rimedio adottato in un altro caso simile.

76

Non si guadagna la fiducia di una persona se ha problemi di vista e noi gli proponiamo i nostri occhiali perché a noi hanno risolto il problema....

- *V° CONTROLLO, la gente fa quello che viene controllato, non quello che ci si aspetta*

Ci sono molti controlli da fare: quelli relativi all'esecuzione tecnica, alla qualità, all'efficienza della prestazione. In merito a quest'ultimo punto, si possono evidenziare diversi aspetti di efficienza: in termini di sicurezza o garanzia di mantenimento dei requisiti richiesti, di igiene del lavoro, di economicità dell'operazione, di servizio e coordinamento con le operazioni a valle, etc. La competenza aiuta gli aspetti strettamente tecnici del "controllare", ma la parte più difficile da trattare e gestire, è certamente quella rappresentata dai risvolti umani. In ogni caso, il controllare comporta un successivo "giudicare"; se il giudizio è buono deve originare una lode, se non è buono, deve far partire una modifica, una correzione, un'istruzione. Mai condanne, neanche invocandole come eccezioni, a conferma della regola. Anche la miglior persona presta poca attenzione ad una cosa che non viene mai controllata, anzi, può anche smettere di farla (vedi il rispetto dei limiti di velocità sulle nostre strade quando non si vedono pattuglie della Stradale all'orizzonte). Se qualcosa viene presentato come importante, se non addirittura di importanza vitale e poi nessuno si preoccupa di verificare come sta andando, il messaggio che in realtà passa, è: - non è vero che è importante; se non se ne preoccupa nessuno perché dovrei farlo io ? -

Controllare il lavoro, una prestazione, significa verificarne il risultato (chiedendolo o comunicandolo) e commentarlo con l'interessato. Quando il caso lo consente, esprimere un giudizio positivo altrimenti, chiedere se c'è stato un problema; e se sì, quale fosse. Non criticare il risultato negativo ma chiedere cosa si può fare per aiutare. Se c'è stato un problema tecnico, impegnarsi per risolverlo invitando a darne immediata informazione, evitando così maggiori costi, perdita di competitività, e magari di fare anche più fatica. Se il problema non è risolvibile in tempi brevi, dirlo; nel frattempo, modificare il giudizio sul risultato, tenendo conto delle condizioni in cui è stato ottenuto. Non accettare falsi problemi tecnici, dimostrare comprensione per quelli personali/umani. Naturalmente possono esserci comportamenti tenuti dalle persone che lavorano con noi, di cui ci si deve occupare anche criticamente. Ad es.: inutili sprechi di risorse, il mancato rispetto di norme legislative e contrattuali - con assoluta priorità per quelle relative alla sicurezza - maleducazione, ovvero mancanza di rispetto nei confronti altrui.

Il rapporto con i collaboratori è un rapporto di lavoro ed a questo deve essere strettamente riferita l'eventuale critica; si continua a parlare di disciplina in fabbrica ma è opportuno sostituire questo vocabolo con efficienza, responsabilità e comportamenti ad esse relativi. I limiti all'elasticità che il capo reparto/ufficio deve gestire, sono costituiti oltre che dalla tipologia ed entità del problema, dal buon senso e dalla buona educazione. Un richiamo va fatto quando serve, diretto e tranquillo, senza apparire mai né vessatorio, né dispregiativo. Semplicemente: «questo non va», «questo non si fa», senza commenti. Se il richiamo è giusto non servono delucidazioni (e non vengono neanche richieste); se si ritiene invece di dover spiegare, può essere che non sia un richiamo opportuno. Di per sé, le spiegazioni sono una buona cosa ma in una situazione di critica, è facilissimo scivolare a far commenti e a sparare giudizi relativi alla persona; questo è assolutamente negativo. Se un primo richiamo non ottiene effetti e si ripresenta la necessità di ripeterlo non c'è motivo per dimenticare l'uso delle corrette maniere; vanno peraltro sottolineati, la responsabilità di recare danno agli altri e la necessaria reciprocità dei buoni comportamenti. Il provvedimento disciplinare non deve essere sventolato come minaccia ed è l'ultima opzione, ma qualora venisse adottato, deve essere assolutamente inoppugnabile. In ogni caso, i problemi non si discutono in pubblico - men che meno fra colleghi - bensì in separata sede.

Se c'è un caso in cui si può o meglio ancora si deve, essere pubblicamente espliciti, - lo ribadisco una volta di più - è quello del mancato rispetto delle norme di sicurezza; fatele osservare sempre, senza transigere, senza deroghe, anche se vengono recepite come un disagio, anche se vengono gabellate come deleterie per l'economia dell'operazione. Sono ben altre le cose che determinano inefficienza, non ne convenite?

In generale, in presenza di una disfunzione, un lavoro mal eseguito, il mancato rispetto di una procedura, il primo interlocutore deve sempre essere un Responsabile; non è con gli operai, che ce la si deve prendere, anche se materialmente, sarà stato uno di loro a concretizzare la mancanza. Ovviamente, la manodopera andrà coinvolta nella ricerca sia di informazioni, sia di una soluzione, ma non dovrà mai costituire il parafulmine, la "messa a terra" ideale di tutti i fulmini e le saette, scatenati dal temporale. È chiaro che molti dei vostri interventi, siano essi relativi a problemi sul tappeto o a modifiche organizzative, a causa di intrinseche difficoltà o magari, per la determinazione che vi metterete, per via della pressione esercitata sulle persone, ben difficilmente vi procureranno apprezzamenti ed elogi, se non altro in prima battuta, quanto, piuttosto, critiche e commenti poco generosi. Non preoccupatevene troppo. Primo, perché almeno ufficialmente, non ne saprete nulla - succederà tutto alle vostre spalle - secondo, perché la mancanza di consenso, che comunque si percepisce, se l'approccio è stato corretto, può essere un segno incoraggiante. Chiarisco meglio: la ricerca del consenso, a breve, sarebbe deleteria, nella maniera più assoluta; innescherebbe solo una spirale inesauribile di ingiustizie e contraddizioni. Se viceversa, ci si muove secondo competenza e correttezza, si potranno sollevare mugugni e malumori, immancabili e per certi versi persino necessari, utili a scaricare tensione, ma il consenso, a lungo termine, quello che conta per davvero, arriverà. Certamente; forte e sincero.

Si è già accennato in precedenza, alla solitudine di un responsabile; è chiaro che situazioni, in cui si rendono necessarie prese di posizione dure, impopolari, ne accentuano il peso. In piccole aziende, dove ci si conosce tutti e i rapporti interpersonali sono, in genere, più stretti, improntati ad una maggior confidenza, il disagio che ne deriva potrebbe progressivamente favorire una certa tendenza ad una eccessiva comprensione. Non è per incitare all'intransigenza, ma è giusto porre in rilievo il rischio che si corre; la comprensione non scardina certo lo *status quo*. Lo consolida. Bisogna avere il coraggio ed il senso di responsabilità, di fare anche le cose spiacevoli.

- *VI° COLLABORAZIONE ciascuno è anello della catena cliente-fornitore; gli ultimi due anelli sono l'Azienda e il Cliente finale*

Se non si lavora bene in squadra, non è possibile lavorare bene per l'Azienda. Non è utile chi sa fare le cose solo per conto suo, non sa far crescere i propri collaboratori, non sa comunicare, collaborare ed interagire con i suoi colleghi. Anche se fosse un "genio". Chi non sa stare in gruppo semina e raccoglie, ostilità e ostacoli. Un'altra forma di isolamento, cui si è già fatto cenno in precedenza, deriva da una conoscenza "esclusiva"; che si tratti di una nozione, di una specifica esperienza, o di un particolare procedimento, la cosa quasi certa è che essa venga considerata, dal suo possessore, come una forma di potere da conservare gelosamente. Si tratta di un potere forte, assai difficile da togliere, perché se ne ricava sicurezza; sentirsi indispensabili, aiuta a contrastare con successo ansie e paure. Sappiamo bene tuttavia, quanto sia deleterio per l'azienda, questo tipo di comportamento; abbiamo già accennato alla necessità di spingere in tutte le maniere le persone, ed i responsabili in particolare, a fare partecipi gli altri delle proprie conoscenze. Per arrivare a realizzare questo obiettivo, non basta indicarlo come un modo per arricchire e consolidare l'azienda; bisogna togliere le paure di cui si diceva, premiando le persone che trasmettono il loro sapere, gratificandole con la lode, indicandole come riferimento. Di contro, è indispensabile intervenire in prima persona, con tempestività e determinazione, tutte le volte che le cose non vanno come di dovere.

Un segno inequivocabile di successo sarà dato dalla comune consapevolezza che le situazioni di insostituibilità anziché il compiacimento (ipocrita) di essere utile agli altri, sono solamente rappresentative di debolezza, di carente organizzazione, di cattivi rapporti fra le persone. Non sempre tuttavia, le ciambelle riescono col buco. Capita anche che qualcuno, costretto a mollare una "esclusiva" non si renda disponibile per la formazione di un sostituto. Soprattutto la fase iniziale, di avviamento, sarà difficile, non solo per l'interessato, ma per tutti; i risultati non saranno gli stessi cui si era abituati. Può essere che ci sia chi se ne preoccupa e, tanto per agevolare le cose, cominci a criticare, a fare paragoni. Ovviamente, può sempre succedere, che qualcuno faccia le cose, meglio di qualcun altro. È naturale; ed è una fortuna, che sia così. Non si pensi tuttavia che questo qualcuno sia sempre quello che se n'è andato via. Non abbiate timore del cambiamento, non fatevi spaventare dalle incertezze iniziali, date sostegno. Lasciate un po' di tempo a chi è arrivato. Non si può pretendere che l'operato di un novizio, al suo primo giorno, possa valere quanto quello di un esperto con una pratica di anni all'attivo. Purtroppo non c'è la possibilità di confrontare gli esiti della prima giornata lavorativa di entrambi gli operatori - il nuovo e il vecchio - ma sono certo che se lo fosse, in molti dovrebbero zittirsi; immediatamente.

Un'ultima, particolare, annotazione è riservata ad un aspetto, ad una caratteristica che ciascun responsabile, a qualsiasi livello, è invitato a coltivare con grande scrupolo. Per suo tramite si possono rafforzare in modo decisivo gli effetti di ciascuno dei sei punti indicati come prioritari. È una cosa molto semplice, ma è dotata di una forza straordinaria: l'esempio.

Date, sempre, il buon esempio. In qualsiasi circostanza, rispetto a qualsiasi situazione o problema. Essere di esempio vale più di mille discorsi. Il buon esempio dispensa aiuto, stimolo, verità, credibilità, formazione, informazione, concretezza, condivisione; e rafforza la leadership. In ossequio alla concretezza che deve sempre contraddistinguere l'operato di ciascun manager, approfondiamo l'argomento con la presentazione di alcuni strumenti operativi che aiuteranno a tradurre in pratica i concetti esposti favorendo nel contempo, il loro radicarsi.

Parte seconda

6. La gestione del merito

1 Scheda di valutazione dei Responsabili

Per ciascun responsabile, si procederà all'istituzione di una scheda di valutazione. Il documento riporterà, in sintesi, gli aspetti prioritari del ruolo e per l'assolvimento di ciascuno di essi, il referente gerarchico dell'intestatario, esprimerà un voto ed un giudizio, un commento di merito.

La media dei voti - ponderata, poiché alle priorità vengono attribuiti pesi diversi - determinerà un valore ed un giudizio, complessivi. La scheda sarà presentata, analizzata e discussa con l'interessato, con una frequenza, di regola, annuale. Scopo ultimo della valutazione è quello di avere le persone giuste al posto giusto ovvero, di mettere un responsabile nelle condizioni di svolgere, al meglio, i suoi compiti. I giudizi espressi rispetto all'espletamento delle priorità, sono uno strumento utile al raggiungimento dell'obiettivo poiché sono in grado di orientare azioni correttive, ovvero formative, informative, di aggiornamento, su eventuali punti di debolezza, ma anche di ulteriore rafforzamento di speciali peculiarità. Sulla base delle valutazioni espresse, vengono così a determinarsi una serie di obiettivi intermedi, rappresentati da quei punti rispetto ai quali si concorda l'opportunità di un intervento. La presentazione delle valutazioni e la discussione che ne segue, non debbono pertanto essere fini a se stesse, rischiare di diventare un proforma, né rappresentare l'unico momento in cui un responsabile si trova faccia a faccia con il suo capo. Sul tavolo non si troveranno riferimenti a fatti del passato mai affrontati in precedenza, passati sotto silenzio al momento in cui sono successi, ma registrati per "futura memoria". L'interessato non dovrà arrivare all'incontro con lo stato d'animo di chi varca la soglia di un'aula di tribunale bensì, con la consapevolezza che si tratta di un colloquio riservato, dedicato ad una persona che l'azienda reputa importante, nel corso del quale si potrà definire una strategia vincente per il suo lavoro e quindi per la sua carriera. Anche l'eventuale riferimento ad un errore commesso - che, ripeto, sarà già stato esaminato e discusso a suo tempo - non costituirà perciò elemento di turbativa del colloquio, non metterà minimamente in dubbio le capacità della persona, ma servirà semplicemente a focalizzare in maniera precisa, una specifica materia. Al di là del detto popolare, che peraltro mantiene intatto tutto il suo valore «solo chi non fa nulla, non sbaglia», un errore non deve mai essere visto come una mancanza, un difetto, ma come un incidente di percorso; naturalmente sarebbe meglio non capitasse, ma siamo esseri umani, non robot. Intendiamoci però, bisogna distinguere la natura dell'errore: non sono tutti uguali. Una cosa è danneggiare un automobile contro un guard rail durante una gara; non dovrebbe accadere, ma succede. Prima o poi capita a tutti i piloti; ovviamente, ai più bravi, di meno. Un'altra cosa è andare a sbattere tutte le mattine uscendo dal proprio garage; uno così... non dovrebbe guidare.

Un errore *normale* una volta accaduto, diviene occasione di insegnamento e prima o poi, anche di nuove opportunità. Restando al contingente, è importante analizzare il problema per capirne le possibilità di previsione, quali i segnali premonitori ed infine, quali sono state le reazioni, quali avrebbero dovuto essere.

Qualche volta, è solo il "senno del poi" a dimostrare che una decisione si è rivelata sbagliata, mentre al momento in cui è stata presa, preferendola ad altre opzioni, aveva le caratteristiche di una scelta corretta. Bisogna fare tuttavia molta attenzione a non crearsi alibi - è una cultura, quella dell'alibi, che deve restare lontano anni luce, dalla *forma mentis* di un responsabile - e valutare molto bene se qualche indizio era stato trascurato o male interpretato.

Resta comunque obiettivo primario ridurre ai minimi termini le occasioni di errore; difficile essere competitivi se si sbaglia molto. Gli errori commessi non debbono più ripetersi. Come si è già detto, che almeno siano "nuovi" e compiuti nel tentativo di giungere primi ad un traguardo.

Non va dimenticato che l'unico modo per mettersi al riparo da errori, oltre al già citato «non far nulla» potrebbe derivare da un impegno molto al di sotto del proprio potenziale; ma nemmeno questo è certamente un atteggiamento giusto e men che meno consentito, ad un responsabile. L'errore - entro i limiti di cui si è detto - è dunque sinonimo di normalità. Lo è quando è nostro, lo è quando lo compiono gli altri. Non è che in un caso è accettabile, nell'altro è deprecabile. Piuttosto, come diceva Eleanor Roosvelt, «*imparate dagli errori degli altri; non si può vivere così a lungo per farli tutti da soli*».

In ogni caso, si tratterà di un momento di reciproco confronto, fra il responsabile ed il suo capo, perché anche quest'ultimo dovrà responsabilmente porsi di fronte ai problemi sul tappeto. Le eventuali lacune emerse, sono anche e soprattutto sue: anche il capo, deve chiedersi dove può migliorare, cosa può fare di più e di meglio per aiutare la crescita professionale dei suoi diretti collaboratori. Le valutazioni espresse sono anche, al lato pratico, un output delle sue scelte, delle sue azioni e dei suoi comportamenti; rappresentano la sintesi, di come ha curato la formazione, e/o di quali mezzi, strumenti, risorse, abbia effettivamente messo a disposizione.

E' opportuno quindi, che nel richiedere ad un collaboratore di migliorare le sue capacità, affidandogli compiti e obiettivi, questi siano condivisi e recepiti come propri, da ciascun dirigente. La traduzione pratica e concreta della condivisione sta nel definire in modo chiaro e preciso cosa si può e si deve fare, in prima persona, per aiutare a raggiungere gli obiettivi. Per svolgere bene il proprio lavoro, è fondamentale sapere su cosa si è giudicati; cosa è considerato buono e giusto e cosa non lo è. Se dunque questa è la necessità, non sarebbe di utilità alcuna valutare le capacità di un collaboratore, se poi non gliene se ne comunicassero i risultati. Allo stesso tempo, è certamente vero che alla base di una buona gestione delle persone, come per qualsiasi altro rapporto fra uomini, e donne, nella vita di tutti i giorni, sta una buona comunicazione. E' perciò importante esprimersi bene, per forma e sostanza; indispensabile capirsi, essere certi che chi ci sta di fronte, abbia recepito esattamente quello che si intende dire. In quest'ottica, è certamente utile stimolare un'analisi critica ed un confronto costruttivo con tutti i collaboratori, specialmente con chi è a sua volta responsabile; per questo motivo, in occasione della presentazione della prima scheda di valutazione - *e solo in questa circostanza* - si chiederà all'interessato, di esprimere anche il suo auto-giudizio.

Prima dell'incontro con il proprio referente, ad ogni responsabile sarà dunque fornita una scheda "vergine", illustrandone i contenuti e i termini di giudizio. Ciascuno compilerà la scheda, auto-valutando la propria solvenza alle priorità del ruolo, attraverso un voto ed uno specifico giudizio e la porterà con sé, all'incontro di valutazione. Scopo del successivo confronto con la scheda del suo referente - cui resterà allegata - non è l'eventuale correzione dei giudizi espressi, anche se non esclusa a priori, quanto, piuttosto, la rara certezza di una comunicazione assolutamente centrata ed approfondita nei contenuti, ancorché discordanti.

Molto probabile perciò che si tratti di una cosa niente affatto facile, né semplice; ma di certo, molto proficua.

Un giusto approccio al confronto sarà fornito, da un lato, dallo scrupolo di auto-valutarsi in maniera corretta e responsabile, mentre sarà cura del manager instaurare, un clima sereno e costruttivo, tale da non ingenerare il timore di sentirsi giudicati male, o comunque al di sotto delle proprie aspettative. L'aspetto più importante - e delicato - sta nel fatto che vengano ben motivate le differenze di giudizio (non è pensabile che non ce ne siano). Se è normale che un capo giudichi secondo propri criteri, allo stesso modo, sarà logico e naturale che le valutazioni espresse siano sostenute da appropriate motivazioni. E a fronte di situazioni non ottimali, non è sufficiente la loro sottolineatura, occorre individuare i termini di un'azione correttiva; non si può non dire, cosa si vorrebbe.

Questo è il fatto positivo e di grande importanza! Quella che si presenta è una splendida opportunità per migliorare.

Il ruolo che ciascuno ha in azienda, non è stato estratto a sorte, ma è la sintesi concreta di ciò che hanno pensato di lui/lei, i suoi diretti superiori al momento di far cadere la scelta sulla sua persona. Dopo di che, le successive evoluzioni di questo giudizio iniziale restano forse intuibili, ogni responsabile cerca di capirle, qualcuno pensa di conoscerle, ma in realtà può solo immaginarsele, perché nessuno gliele dice; ma da adesso in poi, tutti lo sapranno veramente. E sapranno esattamente cosa fare per migliorarsi. Non è un aspetto di poco conto: è invece, assai importante e fa una grande differenza.

So di aver particolarmente evidenziato, in questa presentazione della scheda di valutazione, la possibilità di discutere dei punti da migliorare; non vorrei se ne potesse però dedurre, che il suo unico scopo sia quello di avere un buon metodo per dire delle cose spiacevoli, quelle più difficili da dire. L'incontro di valutazione degli skill di un responsabile è anche e soprattutto, l'occasione per le lodi e gli apprezzamenti; nonostante uno dei consigli che ho letto ed ascoltato più volte, suggerisca di lodare in pubblico e di criticare in privato - il che è certamente condivisibile - resto convinto che la lode, espressa (anche) in privato, acquisisca una forza speciale. Solo la serenità che deriva dal sentirsi apprezzati, può dare la forza di non personalizzare le difficoltà, di affrontare le situazioni negative consci di esserne causa, sentendosene responsabili, ma non colpevoli, capaci cioè di trovarvi soluzione. Imbattersi in problemi è normale, è cosa da tutti; cercare una via d'uscita non è da molti; individuarla, è da pochi. Ed è motivo di grande gratificazione.

Vediamo ora un esempio pratico di scheda di valutazione di un responsabile; gli aspetti, le priorità da valutare sono dieci, ciascuna delle quali con un proprio coefficiente (da 1,0 a 1,5) che ne differenzierà il peso sul voto medio complessivo.

I parametri di giudizio sono espressi da un valore numerico - intero - nella scala da 1 (minimo) a 5 (massimo) e sono accompagnati da uno specifico commento. Il campo di votazione è volutamente ristretto, senza frazioni, per ridurre al minimo le opportunità di compromesso; in caso di incertezza fra un 2 ed 3, valori al di sotto e al di sopra di quello intermedio (peraltro non attribuibile) si consiglia di creare le condizioni per un miglioramento, scegliendo senz'altro il 2.

Ciascuna scheda reca in intestazione nome e cognome del responsabile, ruolo, età anagrafica, anzianità di lavoro, anzianità aziendale, anzianità nel ruolo, un breve curriculum.

I punti sottoposti a valutazione, sono i seguenti:

1 - VERSATILITA' (coeff.1,1).

Attitudine ad affrontare con disinvoltura e sicurezza compiti molto differenti fra loro e/o situazioni impreviste.

2 - DISPONIBILITA' (coeff.1).

A dare una mano, ad aiutare; a formare ed a informare, riconoscendo a sé stesso lo stesso bisogno. Di far crescere gli altri e almeno uno dei suo collaboratori, fino al suo stesso ruolo.

3 - OPERATIVITA' (coeff.1,1).

Facoltà di "fare" in senso lato. Nell'ambito delle sue competenze di gestire tempi, carichi di lavoro, priorità; valutare e decidere in autonomia.

4 - COMPETENZA (coeff.1,5).

Competenza generale, relativa al mestiere; padronanza della materia, attenzione alle innovazioni, aggiornamento. Competenza specifica, aziendale, di prodotto, di mercato.

5 - GESTIONE DELLE PERSONE (coeff.1,4).

Capacità di essere guida, non un comandante, né un "amico"; di sapere, aiutare, capire, ascoltare, spiegare, insegnare, essere coerente. Mettere le persone giuste al posto giusto, farle crescere. Stare in prima fila davanti a tutti, nelle difficoltà, in coda, nel momento dei meriti.

6 - PROPOSITIVITA' (coeff.1,3).

Attitudine a non restare legato al vecchio, al conosciuto, di non temere il nuovo, di cercare strade diverse, di non ostacolare e non criticare chi le cerca ma anzi di aiutare; di non accontentarsi, di migliorare.

7 - RESPONSABILITA' (coeff.1).

Bravura a non fare mai lo scaricabarile, a sentirsi "sorgente", di rispondere anche di ciò che non può controllare; di essere di esempio, di dare e trasmettere fiducia. Il raziocinio di criticare solo verso l'alto, di esprimere idee diverse dal management. Di risolvere o almeno minimizzare i problemi che incontra; di non accettare lo "status quo" ma di perseguire il miglioramento continuo.

8 - COLLABORAZIONE (coeff.1,2).

Facilità di fornirla con prontezza, piena e gratuita; non vincolata da simpatie, convenienze e/o specifiche richieste, particolari occasioni. Attenzione al cliente interno, come primo passo verso quello esterno, il Cliente reale, unico e vero obiettivo comune.

9 - SPINTA (coeff.1,1).

Potere di stimolare, di essere, una volta di più, sorgente di cambiamento e miglioramento; di lottare, di non arrendersi mai, di raggiungere gli obiettivi, di mettere la sua competitività (solo) sui risultati; di essere persona positiva che vuole mettere a frutto i suoi talenti, non seppellirli.

10 - LIVELLO CULTURALE (coeff.1).

Potenziale di crescita, di adeguare il suo "bagaglio" anche se già voluminoso, di porre attenzione a ciò che si rende utile strada facendo; di mettere il massimo impegno nel procurarsi le conoscenze che ci si accorge di non avere. Di avere un'ampia visione degli scenari aziendali, di esprimere bene le sue idee, di farsi capire, di porsi come utile, se non privilegiato, interlocutore.

A parer mio, sarebbe cosa buona e giusta che l'imprenditore estendesse al manager, l'uso della scheda di valutazione; si tratta di uno strumento certamente utile anche al loro rapporto.

Gli aspetti da giudicare resterebbero sempre gli stessi, meno il punto relativo alla "responsabilità" che *deve* essere dato per certo, integrati dall'aggiunta di due nuovi punti, specifici del ruolo di dirigente che sono, rispettivamente:

"leadership" inteso come carisma, autorevolezza, capacità di semplificazione e "imprenditorialità" ovvero la visione delle situazioni, la direzione per obiettivi, l'intuito.

Tornando alle schede dei responsabili intermedi, come si può notare, le valutazioni espresse per le varie priorità, possono essere di aiuto nello svolgimento della mansione, rafforzando alcune certezze, o suggerendo opportuni percorsi formativi, ma loro tramite è anche possibile giungere ad evidenziare un ulteriore potenziale, la predisposizione cioè ad incarichi di più alto livello. È fondamentale, dare alle persone, la possibilità di migliorarsi, in tutti i sensi.

2 Tabelle di valutazione della manodopera

E' giusto estendere il concetto appena esposto, a tutto il personale dell'azienda ed in particolare agli operai dello stabilimento, alla manodopera produttiva che ha, rispetto ad altri, certamente un lavoro meno gradevole, normalmente meno retribuito, senz'altro più difficile da modificare ed elevare di livello, sia retributivo che di gratificazione.

Operare in questo senso pone le condizioni per ricavarne, non tanto apprezzamenti (è difficile che vengano esternati, ma è normale ed anche giusto, che sia così; le persone hanno il sacrosanto diritto, che i responsabili aziendali facciano bene il loro lavoro e non è che si debbono innalzare inni di ringraziamento ogni volta che uno fa una cosa come si deve) quanto, dicevamo, per ottenere un sensibile miglioramento del clima aziendale, riscontrabile nei piccoli gesti dell'operatività quotidiana e soprattutto, in concreti atteggiamenti di maggior disponibilità e flessibilità.

Per puntare a questo obiettivo, occorre mettere mano ad un compito che richiede grande impegno associato ad una enorme pazienza. Chiarisco:

- Impegno, perché bisogna creare le condizioni, le regole, per potersi rivolgere alle persone chiedendo di migliorarsi professionalmente offrendo loro, senza preclusioni di alcun tipo, la possibilità di esserne gratificati, nello spirito e nel portafogli.

- Pazienza, perché le norme di riferimento, per quanto scritte dal manager, debbono ricevere l'approvazione ed essere sottoscritte, firmate, anche dai rappresentanti dei lavoratori. Mi rendo conto che l'idea possa suscitare dubbi e perplessità, ma nella mia esperienza personale ho trovato nella controparte sindacale, più collaborazione e disponibilità di quanto mi sarei mai aspettato, rispetto a questo genere di proposte.

Si tratta di questo: i CCNL (contratti collettivi nazionali di lavoro) di qualsiasi categoria o settore industriale, hanno uno specifico allegato, denominato ‹Declaratorie e profili› che riporta i livelli di inquadramento del personale, per ciascuno dei quali, come si sa, è previsto un preciso livello retributivo. Le declaratorie, hanno lo scopo di definire le condizioni generali, le caratteristiche professionali, che consentono l'accesso al relativo livello di inquadramento ovvero, ne danno il diritto. Immediatamente a seguire sono riportati, a titolo esemplificativo, su tutti i testi contrattuali, alcuni "profili" tipici di quello stesso livello, cioè alcune delle mansioni generalmente svolte in aziende del settore, da persone con le caratteristiche specificate in declaratoria. A parte le difficoltà d'interpretazione del *"burocratese - sindacalese"* il problema nasce dal fatto che salvo rari casi, relativi ad un numero ristretto di persone, i profili riportati sui contratti di lavoro sono quanto di più generico si possa immaginare e ben difficilmente vi si trova un adeguato riscontro della propria realtà lavorativa. L'invito perciò è quello di analizzare scrupolosamente le declaratorie dopo di che, fermo restando il loro riferimento, riscrivere, livello per livello, tutti i profili, adattandoli alla propria azienda.

Per arrivare a realizzare l'opera, dovrete esaminare, uno per uno, tutti i posti di lavoro dello stabilimento, stabilire con l'aiuto dei responsabili di reparto, dei tecnici, quali sono i più complessi, i più significativi per l'azienda.

Al termine dell'analisi avrete un quadro completo di tutte le mansioni, in particolare di quelle operative, suddivise per grado di importanza, quindi per livello di inquadramento e di retribuzione. I profili di ciascun livello rappresenteranno il quadro fedele della vostra azienda. L'inserimento dei nuovi profili nel contesto di un accordo contrattuale aziendale, integrativo del contratto nazionale, darà loro una veste ufficiale, di preciso riferimento normativo.

Da questo momento in poi, l'assegnazione di un livello di inquadramento professionale, sarà oggettivamente stabilito dalla capacità di svolgere una specifica mansione, contrattualmente definita e non potrà più dipendere, solo, dalle valutazioni del responsabile, basate su imprecisati criteri personali, perennemente esposti a critiche e non sempre sorretti da valide motivazioni. Non è certo una novità che certe scelte siano effettivamente condizionate da simpatie, amicizie o quant'altro. Proseguendo nella descrizione del nostro progetto, a questo punto, si richiederà, a ciascun responsabile, di compilare una tabella, una griglia, che riporti tante colonne, quante sono le persone in organico nel suo reparto e tante righe, quanti sono i posti di lavoro, o meglio, le mansioni, svolte nel reparto stesso. Potrà capitare infatti, di avere mansioni diverse, anche di differente difficoltà, nell'ambito di uno stesso posto di lavoro, macchina o impianto.

Le mansioni saranno suddivise, identificate, per grado di complessità e di importanza.

Nelle caselle determinate dall'incrocio di ciascuna riga e colonna, si andrà a registrare un numero, un codice esplicativo della capacità della persona, intestataria di quella colonna, di svolgere la mansione indicata nella riga che la incrocia. I codici da utilizzare sono solo tre, rappresentati proprio dai numeri 1, 2 e 3:

Con il numero 1 si indicherà la sostanziale inadeguatezza della persona a svolgere la mansione salvo che sotto stretta "vigilanza" del responsabile o di un collega esperto.

Con il numero 2 si indica la capacità della persona a svolgere correttamente la mansione senza tuttavia svolgere operazioni di attrezzaggio e messa a punto o piccole regolazioni di ripristino. Mutuando un'espressione tipica del gergo sportivo, potremo definire questa persona, per quel compito, una "riserva".

Con il numero 3 si indica la capacità della persona a svolgere il lavoro in piena autonomia, ivi compresi set up e piccoli interventi di correzione. Sempre facendo ricorso alla terminologia sportiva, diremo che la persona in questione è "titolare" della specifica mansione

Per ciascuna persona e per ciascuna mansione, si svilupperà un'ulteriore analisi che porterà ad evidenziare una serie molto interessante di informazioni: sapremo di quanti titolari dispone una mansione chiave, scopriremo che pochi operai sono titolari di più operazioni fondamentali per l'azienda e che, ad esempio, sempre per questi posti determinanti, vi sono pochissime riserve.

È chiaro come, a questo punto, si debba avviare un importante piano di riorganizzazione e di formazione del personale. I responsabili di reparto avranno il compito di incrementare il numero di titolari e riserve per le macchine prioritarie ruotando le persone fra loro. Preferibilmente tutte, o comunque il maggior numero possibile, non sempre le solite che non danno certamente problemi, ma alle quali non basterebbe neanche il dono dell'ubiquità, per poter ricoprire tutte le postazioni di lavoro.

Tutte le persone, dal canto loro, hanno la possibilità di svolgere lavori nuovi, sono poste nelle condizioni di divenire "titolari" di macchine importanti e di poter ottenere un livello di inquadramento superiore. Chi non vuole o non riesce, resterà utile in quello che sa fare ma non potrà dire di non aver avuto l'opportunità; che peraltro rimane "aperta", senza una data di scadenza.

Qualsiasi imprenditore sarebbe felice di aumentare di categoria i suoi collaboratori, di retribuirli un po' di più, ricevendo in contropartita l'interscambiabilità delle mansioni, la riduzione del rischio di sospensioni e ritardi nel lavoro per carenza di personale "adeguato", minori tempi morti, una maggior garanzia di qualità. Le persone, dal canto loro, sono certamente più gratificate e coinvolte da un posto di lavoro di questo genere.

Il rovescio della medaglia può essere costituito dal fatto che la rotazione, l'interscambio delle persone sulle mansioni più impegnative (e più gratificanti) induca qualcuno, fra quelli più validi e preparati, a pensare di cambiare azienda, per mantenere una posizione di elite e/o per spuntare ulteriori miglioramenti. Può succedere (ma è sempre più difficile, con i tempi che corrono) ma è anche vero che aiutare a "crescere" è il modo migliore perché la gente si affezioni all'azienda.

In ogni caso, la buona reputazione di saper creare ed avere personale professionalmente capace, attira, a sua volta, persone di valore, che si faranno stima di poter entrare in un ambiente lavorativo di questo tipo.

7. Il rapporto con le persone

1 I comportamenti

Si diceva, sin dalle prime pagine, dell'importanza delle persone, della necessità di corrette relazioni e di un buon clima aziendale per creare e mantenere le condizioni di competitività e di crescita, dell'azienda.

Dopo aver esaminato gli aspetti organizzativi, di impostazione dell'ambiente, di definizione dei ruoli dei responsabili e del loro tipo di approccio, è utile ed opportuno un breve percorso nei meandri dei rapporti interpersonali, fra le pieghe dei nostri comportamenti, per cercare di capire un pochino meglio noi stessi ed il nostro prossimo ovvero, i nostri colleghi, collaboratori, dipendenti.

Per doverosa premessa, le citazioni di principi e nozioni di psicologia che incontrerete in questo capitolo, non intendono certo pormi su una cattedra che non mi compete ma rappresentano, semplicemente, una sintesi di quanto ho potuto apprendere attraverso letture e dalla partecipazione a corsi e seminari. I concetti esposti sono quelli che mi hanno maggiormente colpito e dai quali ho tratto maggior insegnamento. La selezione, di per sé, potrebbe essere solo indicativa di quelle che erano le *mie* carenze più marcate, tuttavia mi è parso opportuno farvi riferimento, perché comunque rappresentano un'esperienza diretta e perché dalla loro applicazione alla realtà di tante situazioni, lavorative e non, ho potuto ricavare un aiuto concreto. La lettura in chiave psicologica di alcuni comportamenti, sul luogo di lavoro, come nella vita di tutti i giorni, aiuta ad individuare le motivazioni che spingono le persone ad un atteggiamento piuttosto che ad un altro; facilita perciò la reciproca comprensione, la comunicazione, la gestione di contrasti e conflitti.

Lo psicologo *E.Berne*[*] attraverso una delle tante branche della psicologia ci ha fornito, con il suo metodo dell'*analisi transazionale*, alcune chiavi di lettura dei rapporti fra le persone e con esse, la possibilità di migliorarli.

Le sue teorie sono state riprese e rielaborate da molti studiosi ma il grande successo, l'enorme divulgazione, sono dovuti ad una sua forma semplificata (e banalizzata, secondo alcuni addetti ai lavori) che ne ha adattato i concetti all'ambito lavorativo, indirizzandoli prima alla formazione di personale di marketing e vendite ed estendendoli poi, anche ad altre problematiche del mondo del lavoro, finendo così per prendere le distanze dalla funzione terapeutica, strettamente connessa alla psicanalisi, per cui era sorta. Io proverò a riassumerne molto brevemente i principi, con l'obiettivo di fornire uno spunto di riflessione che ciascuno, trovandolo convincente, potrà sviluppare ed approfondire secondo criteri e bisogni propri. È ovvio che non parliamo delle tavole della legge, si tratta tuttavia di aspetti di sicuro interesse, generalmente poco conosciuti, almeno nel mondo dell'industria e dei quali può risultare assai utile, avere consapevolezza. Per quanto mi riguarda, posso solo dire di averne apprezzato i concetti traendone notevoli benefici; reputo peraltro assai positiva o addirittura fortunata, la circostanza che un'idea possa trovare applicazione in ambiti diversi da quelli per cui se ne prevedeva l'impiego, allargando a dismisura il numero degli utenti.

---

[*] *Dr. Eric Leonard Berne, medico e psicologo canadese, autore negli anni '50 della famosa teoria denominata "analisi transazionale"*

Bisognerebbe augurarsi di riuscire a fare la stessa cosa in ogni campo. A cominciare dall'azienda: chi fosse in grado di individuare per uno dei suoi prodotti un nuovo, esteso, utilizzo, meriterebbe senz'altro di avere un "busto", esposto in bella vista, nella hall d'ingresso.

I nostri comportamenti, nel lavoro come in famiglia o in società, sono sempre sotto l'influsso, a volte blando, a volte molto forte, delle nostre esperienze passate; soprattutto di quelle della prima infanzia.

L'influenza del passato incide sui comportamenti del presente manifestandosi in tre diversi modi, tramite tre diversi stati della mente che, Berne, definisce come: *bambino, genitore, adulto*[*].

Secondo la teoria, ciascuno di noi, utilizza tutti e tre gli stati mentali e può quindi comportarsi in tre diverse maniere; può passare senza difficoltà da una situazione all'altra, o anche combinarne due insieme, in qualsiasi momento, anche più volte al giorno, a seconda del contesto, adattandosi alla realtà che ci circonda. Più una persona è "equilibrata", con più facilità si muove fra i tre stati mentali. Tuttavia, senza un'adeguata conoscenza della materia ed una attenta analisi dei fenomeni, dei comportamenti, non è dato rendersi conto in quale situazione ci si trovi; il passaggio da una all'altra, sarà inconsapevole, sino a che non si sarà imparato a riconoscerne le dinamiche. Ma, devo dire, anche quando ci si sarà maggiormente impadroniti della materia, non sarà sempre una cosa semplicissima comprendere i propri comportamenti; come spesso accade, anche per problemi e circostanze diverse, sarà più facile capirlo sugli altri, piuttosto che su se stessi.

---

[*] *Ndr. In successive evoluzioni della teoria, per ciascuno dei tre stati dell'io si sono create ulteriori schematizzazioni, comprendenti anche accezioni positive e negative.*

Il bambino: tutte le volte che ci comportiamo con naturalezza e spontaneità, quando si gioca, si ride, ci si diverte, oppure viceversa si ha paura, ci si arrabbia, o si provano emozioni, è il "bambino" che è in noi, a prevalere.

Il rapporto con l'ambiente che lo circonda è di tipo affettivo; comunica, di preferenza, con termini "emotivi" che rafforza con il ricorso all'espressività del volto, alla mimica facciale. Sa essere intuitivo, creativo, geniale, ribelle, avventuroso, curioso, istintivo, allegro, ma anche timoroso, triste, ombroso.

Il genitore: ogniqualvolta è il senso del dovere, di responsabilità, a prevalere, quando si esige da noi stessi o si impone agli altri il rispetto di regole etiche e morali, l'osservanza di norme, di precisi comportamenti, allora, è lo stato mentale del genitore che ci governa.

Il genitore è colui che precisa, si interessa, delimita, consiglia, stabilisce, decide, impone, giudica, critica, apprezza la tradizione, la disciplina. Utilizza con frequenza espressioni del tipo: «si deve... non si deve... mi raccomando... fare attenzione...ecc.»

L'adulto: lo stato mentale dell'adulto infine, entra in funzione quando si affronta razionalmente un problema e lo si analizza; quando si raccolgono dati e informazioni, li si confrontano e se ne valutano gli scostamenti; "l'adulto" dimensiona i fatti, valuta le possibili alternative, pianifica, calcola le probabilità di successo, sceglie e decide. Si esprime volentieri attraverso domande: «perché? dove? come? quando? chi?...ecc. »

Più di una volta, per mio personale interesse, per curiosità e probabilmente anche per deformazione professionale, per capire meglio la situazione e rendermi conto di come fossero distribuiti questi stati dell'io, ho cercato di dimensionarli e di farne una graduatoria. In questo contesto mi limiterò tuttavia a riportare, più che i dati percentuali, opinabilissimi, le linee di tendenza, emerse dalle mie indagini statistiche.

In fase di output, quando una persona si propone nel confronto di altri, i riscontri sono di una netta maggioranza (assoluta, non relativa) di atteggiamenti di tipo *genitoriale* e con un'accezione più critica che affettiva; a seguire, in misura minore, i comportamenti del *bambino*. Infine, in netta minoranza, i comportamenti da *adulto*. Diversi invece, i rapporti di grandezza e di frequenza rilevati quando il soggetto si trova a dover rispondere alle sollecitazioni di altre persone. La ripartizione dei tre stati mentali è più equilibrata, meno marcate le differenze di frequenza, ma la graduatoria viene stravolta. Si incrementa, diventando maggioritario, l'atteggiamento del *bambino* (con una tendenza più al negativo che al positivo), aumenta la presenza del comportamento *adulto*, diminuisce nettamente quello *genitoriale*. In definitiva, ho trovato una conferma razionale a delle sensazioni chiaramente percepite e tuttavia difficili da motivare e sintetizzare correttamente: il nostro atteggiamento cambia ed in misura notevole, a seconda delle situazioni, mancando fondamentalmente di coerenza. Quando siamo noi a condurre la danza, ad avere l'iniziativa, ad essere in una posizione in qualche modo "dominante", è facile che ci dimostriamo piuttosto rigidi, poco inclini al confronto, mentre se ci troviamo dall'altro lato della barricata, in condizioni di subalternità, la tendenza è piuttosto orientata all'insofferenza, alla critica, alla non accettazione. È un aspetto del comportamento umano che merita non solo di essere ben inquadrato, ma anche tenuto in grande considerazione, nel governo delle nostre azioni.

Riprendendo il filo del riassunto, come abbiamo detto, ciascuno di noi utilizza tutte e tre le condizioni mentali, ma è quella dell'*adulto* che governa il passaggio da una all'altra, che decide se lasciare spazio all'emotività del *bambino*, alla sua creatività, piuttosto che al rigore ed all'impegno del *genitore*. L'adulto media pertanto, fra opposte esigenze, valuta e sceglie, quale sia il comportamento più idoneo da adottare. I problemi che si possono presentare nelle relazioni interpersonali, dipendono dalla debolezza dell'*adulto* che è in noi, che non riesce a gestire, con sufficientemente razionalità, la scelta dei comportamenti.

In ogni modo, a prescindere dalle possibili azioni di rafforzamento dell'*adulto*, la capacità di riconoscere lo stato d'animo in cui ci si trova - che influenza le nostre azioni e quelle dei nostri interlocutori - ci pone già nelle condizioni di evitare, parecchie incomprensioni, quindi, occasioni di conflitto.

Secondo molti studiosi, anche le differenze caratteriali, dipenderebbero dalla diversa frequenza di utilizzo di uno stato mentale, piuttosto che un altro. Alla determinazione del carattere concorrerebbe peraltro, oltre alle esperienze infantili ed all'ambiente familiare, anche la genetica, la predisposizione nervosa di ciascuno di noi. Sarebbe quest'ultima, a permettere a due fratelli, cresciuti nello stesso ambiente, di sviluppare personalità diverse. Pur tuttavia, la riconosciuta prevalenza di incidenza dell'ambiente, sulle caratteristiche genetiche, consente a ciascuno di noi, tramite virtù e conoscenza, di modificare e migliorare, i propri atteggiamenti.

Per riuscire nell'intento, è utile ripeterlo, serviranno coscienza e cognizione degli stati mentali e dei relativi comportamenti ed una costante opera di rafforzamento dell'adulto.

Allora, una nuova consapevolezza ci accompagnerà. Se in fabbrica, ci troveremo davanti un omone che urla, diverrà molto più semplice gestire la situazione, sapendo che dentro di lui, c'è solo un bambino che piange.

La comunicazione, mette in contatto gli stati mentali e gli atteggiamenti, di chi parla e di chi ascolta. Uno stesso messaggio, può assumere diversi significati e importanza, a seconda di chi e di come, lo trasmette, a seconda di chi lo ascolta e di come lo ascolta.

Quando due persone si parlano, secondo Berne, è come se almeno sei diversi individui si trovassero, nello stesso tempo, a dialogare fra di loro. Ognuno dei tre stati mentali di chi parla (*adulto, genitore, bambino*) può indirizzarsi ad ognuno dei tre stati mentali del suo interlocutore che, rispondendo, può fare altrettanto. Se volessimo aggiornare la teoria, scopriremmo che il numero dei possibili "interlocutori", sarebbe ancora più alto; ma sapere che sono almeno sei, già basta e avanza.

Questa semplice considerazione è già sufficiente a farci cogliere l'importanza della conoscenza degli stati mentali; in caso contrario, il rischio di correre incontro, a tutta velocità, verso muri invalicabili di incomunicabilità, o di attivare sorgenti inesauribili di incomprensione, è assai concreto.

Risulta evidente come una posizione di responsabilità, in ambito lavorativo, in primis quella del manager, richieda una netta predominanza dello stato mentale *adulto*. La prevalenza del *bambino* potrebbe comportare rischi di eccessivo permissivismo, di rivalità fra i singoli, di scavalcamento dei ruoli; quella del *genitore* invece, di eccessivo accentramento, rigidità, esasperato autoritarismo, limitazione della libertà di iniziativa, di opinione.

In entrambi i casi, gli effetti negativi sarebbero ampliati, oltre che resi possibili, da un *adulto* debole. Se viceversa, l'*adulto* fosse forte, in grado cioè di controllare con sicurezza, sia il *bambino* che il *genitore*, lo spazio coscientemente lasciato ad entrambi potrebbe, di volta in volta, favorire le loro positività, cioè creatività, entusiasmo, oppure senso di responsabilità, organizzazione, unità d'intenti.

In linea di principio, ma senza generalizzare né etichettare, un *adulto* forte con una predisposizione allo stato mentale del *bambino*, può trovarsi perfettamente a suo agio e rendere benissimo, in ambito vendita, marketing, formazione. Una predisposizione al *genitore*, sempre in un *adulto* forte, può trovare l'ambiente ideale in ambito tecnico, produttivo, contabile, amministrativo.

Tuttavia, ad influenzare i nostri comportamenti, non c'è solo il nostro stato mentale, ma anche il nostro modo di rapportarci con gli altri; questo atteggiamento emotivo di "base", inciderebbe secondo gli esperti, in maniera decisiva sulle nostre emozioni e contribuirebbe a determinare un'ulteriore differenziazione fra le persone. I rapporti con gli altri sono stati suddivisi, da *A.T.Harris*[*], in quattro diversi atteggiamenti di base, che si possono così riassumere:

- io sono OK, gli altri no
- io non sono OK, gli altri sì
- io non sono OK e nemmeno gli altri
- io sono OK e anche gli altri lo sono

Anche in questo caso, l'origine viene fatta risalire agli anni della prima infanzia; l'impossibilità di una sua perfetta felicità lascerebbe in ciascuno, forme di insicurezza che vengono espresse, anche se con sfumature diverse, da tre atteggiamenti su quattro. Come si era evidenziato in precedenza per gli stati mentali, già la semplice consapevolezza della loro presenza e

---

[*] *Dr. Anthony Thomas Harris (non ha nulla a che vedere con l'omonimo scrittore autore de "il silenzio degli innocenti") psichiatra statunitense, amico e socio del dr. Eric Berne, è l'autore del bestseller "I'm OK, You're OK" guida pratica all'analisi transazionale.*

la loro corretta interpretazione, consentono di modificare e correggere, l'atteggiamento iniziale, facilitando la ricerca di equilibrio dell'adulto. Per calare meglio nella realtà lavorativa questi concetti, vediamo come questi atteggiamenti si possano associare alla figura di un responsabile e quale influenza avere, sui suoi comportamenti.

Io sono OK, gli altri, no. Atteggiamento frequente in chi ha dovuto lottare per farsi largo. La grande fiducia in sé può, inizialmente, portare a dei risultati. I problemi cominciano ad affiorare quando gli altri percepiscono questa ipotesi negativa su di loro. Si creano coalizioni contro di lui, si evidenziano le difficoltà di lavoro in squadra, di delega, di accentramento, di formazione dei giovani; gran parte del tempo viene perso a controllare il lavoro altrui.

Io non sono OK, gli altri, nemmeno. Anche questa ipotesi pessimistica può, inizialmente, facilitare la carriera lavorativa. Un alto livello di perfezionismo è accompagnato da continue critiche innovative. Lo spirito critico resterà sempre la caratteristica fondamentale ma con il tempo, l'ampiezza e la natura dei problemi, la probabilità di proporre soluzioni concrete, diminuirà gradualmente, anche per la difficoltà ad ottenere consenso ed appoggio, data la scarsa simpatia di cui gode. Resterà peraltro immutato l'impulso emotivo a criticare e a vedere il lato peggiore delle cose, anche se questo non è necessario. Lo scetticismo su tutto e tutti, la mancanza di fiducia in sé e negli altri, causerà inutili conflitti e potrà diffondere un contagioso pessimismo.

Io non sono OK, gli altri sì. Anche questa ipotesi inizialmente, può aiutare. Chi si sente insicuro, tende tutti i suoi sforzi verso la propria preparazione professionale, come mezzo di difesa contro la paura di non riuscire. Perfezionista e scrupoloso, si crea dei meriti. Le difficoltà sopraggiungono a fronte di responsabilità più ampie. La paura e la timidezza possono impedire di parlare in pubblico, di presiedere riunioni, il lavorare di gruppo, prendere iniziative, sostenere a fondo le proprie convinzioni, quando queste siano in conflitto con quelle degli altri. Anche se apprezzato per la serietà, l'esitazione nel prendere decisioni ed i suoi silenzi, fanno sì che colleghi più intraprendenti, si assicurino posizioni migliori. Per inciso, questo è statisticamente il più frequente dei sentimenti, per quanto non dichiarato; viene anzi negato con tutte le forze cercando, nel contempo, di dimostrare l'esatto contrario.

Io sono OK e anche gli altri lo sono. Fra i quattro, è l'unico atteggiamento, a denotare una forma di superamento dell'insicurezza. I primi tre atteggiamenti si basano sull'emotività, questo si fonda sul pensiero, la fiducia e l'azione. E' la posizione più costruttiva ma è anche la più difficile da raggiungere. Per riuscirci, occorre lo sforzo cosciente della nostra parte più razionale ed adulta.

Secondo la teoria, chi assume questo atteggiamento ha grande fiducia in sé e negli altri. Vede la realtà colma di potenzialità ancora inesplorate e il suo spirito critico si rivolge più ai fatti concreti, che alle persone. I rapporti con lui sono più facilmente aperti e leali, senza paura di essere mal giudicati. Lo spirito di squadra è spontaneo, non acuisce i conflitti, sdrammatizza le difficoltà, propone soluzioni. Comunica con frequenza ed ha buona capacità di delega.

E' realista, senza illusioni e senza recriminazioni, ha il coraggio di non essere d'accordo sui fatti concreti in discussione e tende per sua natura a non personalizzare mai i conflitti in quanto ha per gli altri la stessa stima che ha per sé. Per questo è bene accetto anche da chi sostiene punti di vista diversi e/o opposti ai suoi. E' la posizione più difficile da raggiungere perché ognuno di noi tende ad assumere posizioni difensive verso l'esterno, ogni volta che si sente attaccato da qualcuno che, invece, segua le altre tre.

Mi pare opportuna, a questo punto, una precisazione, fornire cioè una chiave di lettura dell'atteggiamento che Harris definisce "essere OK".

Non si deve, infatti, correre il rischio di interpretare tale definizione come uno stato di onnipotenza, di totale sicurezza. Non è questione di super ego, né si tratta di elevarsi su alcun piedistallo. L'*essere OK* è da intendere come sinonimo di serenità, di conoscenza dei propri limiti, di capacità *potenziale*, ad affrontare e risolvere le problematiche che si presentano, senza preclusione alcuna di possibilità, dovuta a timori e pregiudizi. Come si è detto nelle pagine iniziali di questo libro, non c'è più spazio per (presunti) superman; il manager "OK" non è una sorta di padreterno. È una persona tranquilla che sa di poter sbagliare e pur tuttavia, non resta bloccato dalla paura di un errore. Non si tira indietro, ma cerca di agire per il meglio facendo propria, la felicissima espressione che ha caratterizzato la campagna elettorale di Barack Obama: «*yes, we can*».

Tengo a precisare che questa definizione dell'*essere OK*, è mia, frutto di mie considerazioni; penso sia in linea con il senso che lo stesso Harris intendeva attribuirle e probabilmente lo è, ma a prescindere da ciò, la precisazione era necessaria per sottolineare la coerenza del concetto, rispetto agli argomenti sviluppati in queste pagine.

2 Le motivazioni

Sappiamo tutti, molto bene, come la presenza di un aspetto psicologico chiamato ‹motivazione› possa influire sulle capacità lavorative dei singoli, accentuandole anche a prescindere, dall'entità della retribuzione ed in generale, delle risorse a disposizione o viceversa, deprimendole in sua assenza.

Da tempo, ci si è resi conto che la cosa migliore da fare è quella di stimolare le motivazioni interiori di ciascuno, non quelle imposte o suggerite dall'esterno, da altri, ma quelle percepite dal di dentro, come esigenza personale. La condizione che attiva la motivazione intrinseca, dipende dalla possibilità di una persona di sentire soddisfatte, tramite il lavoro ovvero, l'azienda, alcune delle sue fondamentali necessità psicologiche. Le necessità di base secondo *Maslow*[*], l'elaboratore di questa teoria, sono: la sicurezza, il bisogno di essere amati ed accettati, la stima degli altri e di sé stessi, il desiderio di realizzare le proprie capacità. Questa è l'energia di cui, tutti, abbiamo continuo bisogno.

Tuttavia, non risulta affatto scontato che una persona, una volta soddisfatta, sia in grado di implementare il proprio rendimento. Per ottenere ciò, sono necessarie ulteriori condizioni: un lavoro corrispondente alle sue attitudini, professionalmente stimolante e che gli consenta di aspirare ad incarichi di più alta responsabilità.

Esistono peraltro, altre possibilità di motivazione che un manager, un responsabile, possono suscitare per rendere più soddisfacente l'operato dei loro collaboratori. La cosa non appaia in contraddizione con quanto ho ricordato nelle pagine precedenti; anche in questo caso si tratta di una motivazione intrinseca se non ché, ed il problema consiste appunto in questo, si tratta di un'aspirazione latente cui la persona è particolarmente sensibile ma della quale, è sostanzialmente inconsapevole.

Molto spesso, tale desiderio inconscio è alla base delle nostre decisioni di seguire un'idea, di aderire ad un movimento, ad un'organizzazione, di partecipare ad un evento, o di dedicarsi a qualcosa o a qualcuno, di acquistare…

---

[*] *Abraham Maslow, psicologo statunitense, ideatore della famosa scala dei bisogni, nota come "Piramide di Maslow"*

Di qui, la possibilità, con un intervento "esterno" mirato, di inquadrare nella giusta prospettiva un avvenimento, un fatto, un compito, portando così in primo piano quelle caratteristiche capaci di accendere l'interesse dell'interlocutore e di soddisfare il suo desiderio latente.

Pensare di stilare una lista dei possibili desideri latenti, potrebbe apparire un'impresa ardua e sopratutto interminabile, invece le cosiddette motivazioni universali d'acquisto, ovvero il motivo *inconscio* per cui una persona qualsiasi, uno di noi, è spinto a "comprare" in senso lato, una cosa, sono molto poche: solamente sei. L'elenco è decisamente esiguo, ma alla prova dei fatti, si è sempre rivelato esaustivo.

Per facilitarne la memorizzazione ve lo propongo sotto forma di acronimo. È «**IL CASO**» che rappresenta le sei motivazioni, dove:

I	sta per	Innovazione
L	" "	Lucro
C	" "	Comodità
A	" "	Affetto
S	" "	Sicurezza
O	" "	Orgoglio

Vediamole una per una, in dettaglio.

- **Innovazione**   La voglia di novità, il desiderio di precorrere, innovare, rappresentano, per tante persone, uno stimolo veramente "impagabile". Coinvolgerle in progetti, sperimentazioni, esplorazioni, persino in noiose ricerche finalizzate ad es. ad un nuovo prodotto, le porterà a dare il meglio di se stesse. Contente di farlo.

- Lucro

La possibilità di ricavare un beneficio economico, in senso lato, un vantaggio quantificabile in termini monetari, può persino indurre una persona ad aggirare le "procedure" previste dalla sua razionalità.

- Comodità

Se si fa leva sulla comodità, sulla possibilità di ridurre l'entità di una fatica, o la sua durata, se si accorcia una strada, le persone possono dimostrare una insospettabile disponibilità ad abbandonare gli schemi consueti, anche se consolidati.

- Affetto

Quando entrano in gioco gli affetti o anche solamente le simpatie, non solo per le persone, anche per un determinato posto, per degli oggetti, per particolari situazioni, non ci sono ragionamenti che tengono; come si sa, al cuor non si comanda.

- Sicurezza

Gli argomenti presentati solo qualche pagina addietro, che rilevavano alcuni fra i tanti problemi, derivati dalle nostre insicurezze, rendono ancor più evidente quanto le persone possano desiderare, ed apprezzare, di ottenere maggior sicurezza. Tutto ciò che permette una sensazione di controllo della situazione, che rassicura, che toglie ansia, timori, può spingere a grande impegno, a superare notevoli disagi e fatiche.

Qualche tempo fa, una nota casa automobilistica europea, avviò una fortunatissima campagna di vendite dei suoi modelli di auto, che si protrasse per anni nonostante fossero più grandi, costosi e sostanzialmente meno gradevoli da un punto di vista estetico, almeno al primo impatto, rispetto alle abitudini ed anche alle tendenze italiane. La formula vincente era stata proprio quella della maggior sicurezza offerta da quelle macchine; la loro solidità e robustezza, era in grado di fugare timori e paure connessi al rischio di incidenti. Ed anche quelli di un prezzo più elevato.

- Orgoglio

È una leva potentissima. Il nostro cervello è alla costante ricerca di gratificazione; questo bisogno, porta a cedere a tutte quelle lusinghe di cui si possa andare orgogliosi. La disponibilità e l'impegno, possono salire a livelli stratosferici. Anche in questo caso le sfaccettature sono molteplici; si può trattare della concessione in uso di qualcosa che rappresenti uno status symbol - ad esempio un ufficio ai "piani alti"- ma potrebbe anche essere l'assegnazione di una delega importante, di un incarico esclusivo, come mantenere le relazioni con un Cliente prestigioso.

Quello che resta da fare, è cercare di capire quale è il desiderio latente della persona che abbiamo davanti. Non dovrebbe essere troppo difficile, specie se si prende l'abitudine ad ascoltare anche i nostri interlocutori, invece che soltanto e sempre, la propria voce.

3 Aree sensibili

In conclusione di capitolo, mi pare infine interessante richiamare l'attenzione su un altro aspetto psicologico, comune a tutti quanti noi, che è senz'altro opportuno conoscere, per via del disagio che può comportare; sia sul lavoro, che fuori.

Mi riferisco al tipo di approccio, al modo di fare, che le persone adottano, quando incontrano qualcuno; sia che si tratti di presentarsi, dialogare, comunicare o di un semplice scambio di convenevoli. Anche se sono gesti comuni, naturali e spontanei, fatti, per lo più, con atteggiamento rilassato e gentile, esiste la concreta possibilità di innescare, in chi sta di fronte a noi, una reazione negativa, foriera di disagio e di probabili complicazioni. Come abbiamo visto in altre occasioni, il problema può nascere da qualcosa che facciamo inconsapevolmente, senza che ce ne rendiamo neanche conto; finendo, senza volerlo, per fare danni o perlomeno, a complicarci le cose. Vediamo di cosa si tratta.

Ciascuno di noi ha, intorno a sé, una sorta di area riservata a cui, una volta di più in maniera inconscia, istintiva, concediamo solo a poche persone, di accedere. Si tratta evidentemente di una zona di sicurezza, la cui percezione è impressa nel cervello umano sin dai primordi. Il perimetro di questo personale territorio ha una forma ellittica, simile alla sezione di un uovo - di qui la sua definizione di uovo prossemico -. La persona è situata al centro di questo uovo "virtuale" con la parte più allungata dell'ellissi, alla spalle; la dimensione della parte più stretta è poco più larga dei fianchi. La sua estensione anteriore, varia da individuo ad individuo, tuttavia la sua misura resta compresa fra quella dell'avambraccio e quella del braccio, disteso in avanti.

Chiunque "entri" in quest'area, avvicinandosi *troppo* alla persona, anche se il suo atteggiamento appare affabile, se non è in stretti rapporti - con lei - di parentela, affettivi o di grandissima fiducia, viene percepito come un potenziale pericolo e determina una situazione di notevole disagio cui la persona cercherà di sottrarsi allontanandosi, retrocedendo di un passo, o con un atteggiamento aggressivo, scorbutico, che porti ad un arretramento dell'invasore.

Il nostro istinto "primordiale" reagisce ad una presenza che incombe eccessivamente, come se sentisse esposti, vulnerabili, i suoi punti deboli, se fossero sotto minaccia i suoi centri vitali: il collo, il cuore, il ventre, l'apparato genitale.

La tensione è ancor più netta, percepita ancora prima, cioè ad una distanza leggermente maggiore, se qualcuno si avvicina troppo da dietro, alle nostre spalle.

Non a caso, il fastidio sparisce quando ci troviamo al fianco di una persona; le parti vitali, non sono facilmente raggiungibili e il nostro braccio costituisce una sorta di barriera. Per questo motivo, possiamo stare tranquillamente a stretto contatto di gomito, con degli sconosciuti al cinema, allo stadio, per strada.

Risulta insomma evidente la necessità di porre particolare attenzione all'approccio con le persone, a non invadere il loro spazio: il rischio è quello di mettersi scioccamente in cattiva luce, di apparire antipatici, invadenti, aggressivi.

Dare calorosamente la mano è una cosa molto bella ma non c'è motivo di salire, sullo slancio, sui calli del vostro interlocutore; piuttosto, subito dopo ruotate appena indietro, come per lasciargli il centro della scena. Gli procurerete una piacevole sensazione di libertà, di rispetto. La cosa non sembri esagerata, le premure non lo sono mai. Che senso avrebbe poi, spingere le persone a porsi sulla difensiva; non è certo immaginabile pensare che possa essere una cosa giusta. E men che meno, utile.

Si osservi che perfino in uno sport con un elevato tasso agonistico come il calcio, dove la fisicità, lo scontro, sono parte integrante della partita, il pressing, il pressare molto da vicino l'avversario, infastidisce molto più di un contrasto rude. Al punto da ingenerare plateali gesti di reazione, a volte anche violenti, da parte di chi ne subisce gli effetti; proprio a causa dell'esasperato disagio procurato dall'azione sul piano esclusivamente personale, non certo su quello del gioco.

L'argomento inviterebbe ad allargare il discorso ad altri interessantissimi temi come quello della comunicazione ed in particolare della comunicazione non verbale, i messaggi inconsciamente trasmessi attraverso il linguaggio del corpo. Messaggi latenti, che bisogna imparare a leggere, dei quali è bene essere consapevoli, non tanto per controllarli perché salvo rari casi e per un tempo molto limitato, non è possibile, quanto per giungere ad una stretta coerenza fra pensiero e parole, oltre che fra il dire ed il fare.

Messaggi latenti che, è bene ricordare, per quanto non direttamente traducibili sono comunque percepiti ed in qualche modo registrati, memorizzati, da chi ci sta intorno.

Il riferimento all'uovo prossemico è stato fatto perché mi è parso il più eclatante, fra i messaggi non verbali, che ci può capitare di trasmettere, forse per la grande differenza riscontrabile fra i "contenuti" di *emittente* e *ricevente* e meritevole perciò, di essere citato come caso emblematico, come esempio perfettamente rappresentativo di una tematica che tuttavia, non mi sento idoneo ad approfondire.

Mi pareva giusto renderne l'idea, e questo spero di averlo fatto; per gli opportuni approfondimenti è senz'altro il caso di rivolgersi alla specifica, sterminata, letteratura a disposizione, a seminari e consulenze mirate.

8. La trappola del tempo

Riprendiamo il tema della pianificazione della giornata lavorativa di un manager, sulla base delle sue priorità, entrando nel merito dell'operazione, nei suoi dettagli.

Si era accennato, nel terzo capitolo, alla necessità di un controllo preventivo, dell'impiego del proprio tempo, prima di potersi dedicare alla fase di programmazione vera e propria. Vediamo brevemente il metodo per la raccolta dati, poi ne commenteremo necessità ed utilità.

La raccolta dati avverrà in maniera assidua e continuativa, nell'arco di almeno due settimane. Più elevata è la responsabilità, maggiore dovrebbe essere il tempo dedicato, per via della progressiva eterogeneità dei compiti, di una scarsa omogeneità delle giornate lavorative, che rendono meno rappresentativi i fenomeni rilevati. Ma non si può pretendere troppo. Già due settimane rappresentano un notevole impegno, per la cui proposizione credo di aver maturato, sino ad oggi, una serie tale di maledizioni da garantirmi l'immortalità (a quanto pare il loro numero è inversamente proporzionale alla loro efficacia).

Innanzi tutto, bisogna codificare tutti i lavori, i compiti, le azioni, che il responsabile esegue o può eseguire, nel corso di una giornata, comprese quelle di carattere personale e privato, purché svolte nell'ambito del luogo di lavoro e/o in orario di lavoro. Per non lasciare adito a dubbi, debbono essere compresi nell'elenco, la lettura di un giornale, una curiosità su internet, una pausa caffè, una telefonata a casa, le interruzioni per recarsi alla toilette. Per semplicità, il tutto può essere raggruppato sotto la voce "privato". Il codice identificativo delle azioni del manager sarà costituito da una (o due) lettere dell'alfabeto, ricercando, ove possibile, un'assonanza.

Ad es. P può indicare il privato, PC un lavoro al computer, T le telefonate, ecc.

Saranno identificate invece da un numero, tutte le persone con le quali si entra in contatto diretto. Qualora si trattasse di persone esterne all'azienda, si valuterà l'opportunità di accomunarle sotto un unico codice (esterni) o se suddividerle per categoria, ciascuna con un suo codice; ad es. clienti, fornitori, sindacati, enti pubblici, ecc. Lo zero sarà riservato a se stessi. Ogni momento della giornata lavorativa sarà identificato e caratterizzato, per la sua durata, dal codice di un'azione e dal codice della persona (o delle persone) con cui si è interagito. Se si è lavorato da soli, il codice del compito svolto sarà seguito da uno zero.

Risultano evidenti, sin da queste prime indicazioni, sia la delicatezza dell'argomento, sia la sensibilità di alcuni dei dati raccolti; ne consegue che la fase di rilevazione, di elaborazione ed analisi dei dati sia strettamente personale e non possa essere sottoposta, in nessun modo, ad alcuna forma di controllo o supervisione, da parte di altri. Ad evitare qualsiasi forma di condizionamento, anche la più recondita, è da escludere dal novero delle possibilità anche quella di una semplice visione su preciso invito e per desiderio del diretto interessato. Non si tratta di una difesa ad oltranza della privacy, peraltro opportuna, ma anche di salvaguardare l'attendibilità del lavoro svolto. Come si diceva, la sensibilità di certe informazioni potrebbe risultare condizionata dal fatto che queste, entrino in possesso di altri. A maggior ragione, se si trattasse di un superiore gerarchico, in grado di esercitare una qualche influenza sul futuro della persona. La convenienza a ben apparire, acquisterebbe una forza inarrestabile.

Ciò che sarà presentato al proprio referente per l'approvazione, sarà quindi soltanto la sintesi, lo sviluppo del lavoro svolto. La strada percorsa per giungervi resterà un'utile esperienza, ma in larga misura, riservata, non condivisibile; solo alcune parti, potrebbero essere utilizzate per un utile confronto, un approfondimento, in un eventuale intervento correttivo del progetto di impiego del tempo.

Tornando all'operatività della raccolta dati, occorrerà tenere sempre a portata di mano un foglio con tutti i codici e relative descrizioni, da utilizzare per registrare azioni svolte e persone interfacciate. La lista sarà certamente piuttosto lunga, perciò difficile da ricordare a memoria; inoltre, quasi sicuramente, sarà da aggiornare in corso d'opera, perché è certo che ci si imbatterà in qualcosa di non previsto.

Nelle due settimane di rilevazione, per registrare i tempi impiegati, si terrà costantemente a portata di mano un modulo giornaliero suddiviso in colonne, diciamo dodici, una per ogni ora lavorativa. L'ora di riferimento sarà riportata in testata così da poter avere esattamente sott'occhio lo sviluppo del tempo. Ogni colonna recherà su un bordo, una serie di dodici trattini che la suddividono in spazi di cinque minuti ciascuno. Con un tratto orizzontale di penna si indicherà l'orario di inizio e quello di fine di un'azione; nello spazio compreso, si scriverà, sulla sinistra il codice dell'azione, sulla destra, il codice della persona coinvolta. Se questa dovesse cambiare, una barra in corrispondenza dell'orario, separerà il codice della prima persona, da quello della seconda (vedi fig.1).

È importante mettere impegno e concentrazione nella fase di avvio; una volta preso il ritmo, si scoprirà che il tutto, è molto meno brigoso di quel che sembrava. Terminata un'azione, con tratto di penna e un paio di sigle si registra ciò che si è fatto, in pochi secondi.

ore 9		ore 10		Ore 11	
-		-		- R	18
- A	0	-		-	
--		--		-- Y	14
-		-		- R	17
- T	12	-		-	
---		--- K	1,2,4	--- W	9
-		-		-	10
-	7	-			
--	1	--		-- M	6
- P	0	-		-	0
-		-		-	
---		---		--- T	20

Fig.1

Al termine del periodo di rilevazione, si tireranno le somme; si totalizzeranno i tempi impiegati (in ore) per ciascun codice di "lavoro" e di "persona" e se ne calcolerà la relativa incidenza percentuale rispetto al totale di ore effettivamente lavorate. A parte, si avrà cura di verificare la percentuale di tempo eccedente il normale orario di lavoro.

È a questo punto, che vengono fuori le sorprese: moltissimi responsabili rimangono sbalorditi di fronte ai risultati da loro stessi registrati ed elaborati. Credo di poter contare sulle dita di una sola mano quelli che non se ne sono meravigliati. La meraviglia consiste nel verificare la distanza fra le proprie sensazioni sui criteri di utilizzo del tempo e la realtà dei dati consuntivi.

I tratti comuni alla quasi totalità dei responsabili che hanno eseguito l'inventario del loro tempo sono i seguenti:

- il tempo totale eccede sempre il normale orario di lavoro; si va da un +10 ÷ 12% sino ad un +40 ÷ 45%

- si ha una grande polverizzazione del tempo; se si escludono le riunioni, difficilmente si resta per più di 20 min su uno stesso lavoro.

- pochissimo tempo è dedicato alla programmazione della giornata; poco o nulla al "pensare".

- i manager oltre ad avere un alto concetto di sé stessi, ritengono di essere super impegnati, probabilmente per via dell'elevato numero di ore lavorate. Molti restano alquanto sorpresi nel constatare che circa un 10% del loro tempo è speso per il "privato". Il dato in oggetto è stato raccolto in occasione di seminari ed è stato confermato dalle mie personali rilevazioni (sempre comprese fra il 7 e il 9%).

In effetti, fa una certa impressione pensare di "perdere", quasi un'ora al giorno di lavoro; nonostante sia un fatto quotidiano (o forse proprio per questo), non ce se ne rende minimamente conto. Una volta, rispondendo ad una mia domanda a bruciapelo, un capo reparto disse che andava licenziato in tronco uno che tutti i giorni, per un'ora, si faceva gli affari suoi.

In realtà, le sole necessità fisiologiche richiedono circa un 3÷4% del tempo ed una giornata lunga ed intensa, abbisogna anche di qualche momento di respiro. È importante però, esserne coscienti e soprattutto, ricordarsene quando si pretende dagli altri, di non perdere tempo. Un minimo di pudore non guasta. Tutte le cose elencate sinora, sarebbero già sufficienti a giustificare la necessità di eseguire saltuariamente un inventario del tempo, ma il bello - si fa per dire - deve ancora arrivare.

Dall'elaborazione dei dati raccolti emerge, salvo rarissime eccezioni, che confermano nella maniera più assoluta la regola, che la maggior parte del tempo viene utilizzata ad un livello inferiore rispetto al ruolo ed alle responsabilità. In sostanza ci si occupa di imprevisti, di cose marginali, non c'é spazio per i "concetti", si corre dietro a quello che succede. Più del 20% della giornata (ma c'è chi va ben oltre) è occupata dal telefono; nella maggior parte dei casi si tratta di telefonate in entrata, il che significa, che qualcun altro, decide del nostro tempo. Anche le persone con cui ci si interfaccia maggiormente, non sono quelle alle quali sarebbe giusto dedicare più attenzione, ovvero più tempo. Ovviamente, non si tratta di discriminare qualcuno, quanto, piuttosto, di non trascurare chi ha più bisogno, chi sta aspettando.

Credo proprio che Seneca avesse ragione, quando affermava: «Non é vero che abbiamo poco tempo; la verità é che ne perdiamo molto».

Ora, penso sia molto chiaro, perché l'inventario è necessario. Come si è già detto, si potrebbe pianificare il proprio lavoro a prescindere dalla disponibilità di dati consuntivi ma, mai come in questo caso, le impressioni sono così distanti dalla realtà. Difficile pensare di poter cambiare qualcosa, se si parte dal presupposto (erroneo) che si sta già facendo del proprio meglio. Nelle intenzioni è certamente così, nella pratica, si è lontani anni-luce. Solo acquisendo la giusta consapevolezza di quello che si fa, si può pensare di elaborare una programmazione sensata e con una buona percentuale di probabilità, di riuscire a realizzarla.

Passiamo adesso a vedere come potremmo pianificare il nostro lavoro. Innanzi tutto, rileggete il vostro mansionario, le vostre responsabilità; dopo di che andate a cercare, nell'elenco dei vostri lavori, tutte quelle azioni che vi sono strettamente connesse. Fate la stessa cosa riguardo alle persone.

A questo punto stabilite anche la durata media della vostra giornata lavorativa. Anche se è giusto che non sia quella di tutti gli altri, anche se è scontato che un manager non lasci cader la penna di mano allo scadere dell'ottava ora, non ponetevi ritmi di lavoro assurdi. Fra l'altro, come abbiamo visto, è molto facile finire a fare cose non di competenza e mentre ci si stanca e ci si stressa, si conclude poco o nulla.

Secondo eminenti psicologi lo stress "da lavoro" è determinato molto più dalle cose non fatte, che da quelle realizzate. È una programmazione sbagliata o addirittura mancante, che ci porta a pensare di poter fare più cose di quelle fattibili in realtà; ma sono le cose lasciate indietro ad angustiare, a far apparire pesante la giornata, non la fatica di quelle realizzate. Queste, danno soddisfazione, gratificano al punto che la stanchezza non si sente affatto.

Un orario "corretto" è grosso modo, di nove ore, max dieci; potrà capitare la giornata in cui si tiri di lungo anche per tutta la serata, ma non ha senso che tutte le giornate siano stracariche. Il rischio poi, è di riempirle solo di molto fumo; di arrosto, poco o nulla. Molto meglio avere un po' di tempo in più per sé stessi, per la famiglia.

Un'esperienza che, credo, abbiamo fatto tutti, è stata quella di constatare che se non ci si stordisce con giornate interminabili, si riesce a pensare e spesso anche a trovare, la soluzione ad alcuni problemi, anche in automobile, guidando verso casa, o stando in poltrona, dopo cena. Pianifichiamo dunque giornate di nove ore; una mezzora la terremo di margine. Stabilite una graduatoria di merito, di valore, all'interno delle vostre priorità. Decidete quale viene per prima, quale per seconda e così via. Distribuite fra le priorità, una percentuale di tempo da dedicare loro, proporzionale alla loro importanza. Non dovrà più succedere, che al vostro compito più importante, sia riservata la quota minore del vostro tempo.

Ora si tratta di trasformare la percentuale prestabilita, in tempo effettivamente dedicato. Per far questo, non si farà riferimento alle nove ore di cui si è detto poc'anzi, ma ai suoi due/terzi, quindi a sei ore. La sommatoria dei tempi impiegati per assolvere le priorità consentirà di disporre di un terzo della giornata, tre ore, da dedicare ad imprevisti o urgenze. In loro assenza, o comunque a fronte di una minor presenza, ci si potrà avvantaggiare su alcuni dei compiti principali, così da compensare anche la giornata in cui tre ore non siano sufficienti a contenere le anomalie. È da rilevare peraltro, che imprevisti ed urgenze non dovrebbero interessare direttamente il manager. In linea di principio, i suoi compiti sono "importanti" e "non urgenti"; è difficile, che gli imprevisti, come le urgenze, siano importanti.

Sostanzialmente, sono solo il sintomo di una disorganizzazione, di una capacità - in senso produttivo - insufficiente, di una cattiva programmazione, relativamente a compiti che non competono al manager. È tuttavia importante che egli intervenga, ne sia coinvolto, non tanto per risolverli personalmente, altrimenti dovrebbe continuare a fare sempre e solo quello, tutti i giorni, quanto per individuarne le cause e poter definire gli interventi utili all'eliminazione del problema stesso; o perlomeno a ridimensionarlo se non a sterilizzarlo del tutto. A chi si meravigliasse del fatto che, alle priorità, vengano dedicati solo due terzi di giornata, bisogna che ricordi che l'effettivo rispetto di quei tempi significherebbe dedicarne, alle stesse, un'enormità in più rispetto alla situazione corrente, come si può dedurre dall'inventario; almeno il doppio! E i benefici che l'azienda potrebbe ricavare dal rispetto di questa pianificazione, potrebbero essere davvero notevoli. Se per alcuni lavori il tempo a disposizione dovesse risultare eccessivamente risicato, non avrebbero alcun senso dedicarvi pochi minuti tutti i giorni; meglio optare per un tempo più consistente, una volta a settimana o ogni due.

Se risultasse invece che vi sono compiti, giudicati prioritari, che non trovano collocazione nella vostra programmazione, le alternative possono essere diverse.

Innanzi tutto, bisognerà riconsiderare se si tratta di effettive priorità, piuttosto che di abitudini, o tradizioni aziendali, che si potrebbe cominciare a trascurare. Se la loro importanza venisse confermata, sarà da valutare la possibilità di una saltuarietà del loro assolvimento, con la provvisoria sostituzione, nell'occasione, di un compito che viene assolto quotidianamente. Se nemmeno questa strada fosse percorribile, l'unica soluzione praticabile è quella della delega. Non quella del dilatamento del tempo programmabile. Occorrerà provvedere all'individuazione della persona, valutare eventuali controindicazioni all'assegnazione dell'incarico, a prescindere dalla capacità di assolverlo, fornire la necessaria formazione, stabilire il livello di responsabilità ed autorità connessi, dare opportuna informazione dell'incarico. Si tenga presente, che se anche la delega fosse piena, la responsabilità ultima di possibili scelte sbagliate, resta a carico del delegante, in quanto referente del delegato.

Fissate alcuni lavori in precisi momenti, in termini di orario e/o di giorno della settimana e/o del mese. Ad esempio, tenete per voi i primi 10 – 15 minuti di lavoro, per il programma della giornata, per controllare l'agenda, per verificare impegni o eventuali scadenze. Allo stesso modo, a fine giornata, prendetevi 5 minuti per un breve consuntivo.

Programmate un orario fisso per le telefonate; ad es. a cavallo dell'intervallo di mezzogiorno, tre quarti d'ora prima e tre quarti d'ora dopo. Avvisate che sarete reperibile in quel lasso di tempo, oppure fate riferire che richiamerete voi in quella fascia oraria. La concentrazione delle telefonate, anche se queste dovessero occupare sempre lo stesso tempo di prima, vi risparmieranno una serie infinita di interruzioni. Ma è probabile che qualcuno si abitui anche a parlare con qualcun altro.

Se vi capita di ricevere richieste di intervento, di aiuto, pareri, che necessitino di un minuto per essere sbrigate, assolvetele subito, senza aspettare. Oltre a dare soddisfazione a qualcuno, vi togliete un pensiero. Il rischio è quello di far crescere sulla scrivania, montagne di carte, appunti, documentazione, relativi a lavori di un minuto, di cui non ci si è presa cura subito nella certezza che, appena possibile, sarebbe bastato un attimo per evaderli. Salvo finire per accorgersi che per smaltire quel cumulo di roba, oltre alla fatica di dover risalire a cosa si trattava, serviva invece un sacco di tempo, che avrebbe occupato buona parte della giornata, anziché pochi secondi per volta, di mano in mano che si presentavano. L'alternativa all'intervento immediato, non può perciò essere il "momentaneo" accantonamento, ma il diretto coinvolgimento della persona che ha chiesto il vostro aiuto; chiedendogli, per esempio: «lei, come farebbe? ». È un ottimo metodo per fare formazione "in corsa" e per ridurre le occasioni future di tempo dedicato ad imprevisti.

Tenete le riunioni e i colloqui con i collaboratori in giorni fissi ed orari fissi. E rispettate tassativamente gli orari d'inizio e di fine. Non fissate in nessun modo, viceversa, gli orari per i controlli. Datevi un riferimento per la durata ma la loro collocazione sia assolutamente random! Talvolta, cercate di arrivare in fabbrica o in un ufficio, negli orari più inconsueti. È sempre molto istruttivo. Per tutti.

9. Il margine/Ora

Nella scalata alle difficili pareti della competitività, la qualità e l'impegno delle persone, del capocordata in particolare, risultano senz'altro determinanti.

Ricorro con piacere alla metafora della cordata, al di là della mia passione per la montagna, perché mi pare che esprima nel modo migliore lo spirito che deve animare il gruppo; mi correggo: la squadra. Essere componenti di una squadra non vuol dire competere e sgomitare con i compagni e nemmeno, semplicemente, andare tutti dalla stessa parte - anche le pecore lo fanno -. Sentirsi in cordata significa fidarsi e aiutarsi, reciprocamente, per raggiungere, tutti, la vetta. Per superare le difficoltà che si possono incontrare durante la scalata tuttavia, oltre alla bravura dei rocciatori, è senz'altro necessario disporre dei giusti strumenti. In caso contrario, potrebbe facilmente capitare di dover battere in ritirata. Molte, delle difficoltà nel competere di una azienda derivano, oggi, dal fenomeno della globalizzazione. Sono pochissime, all'interno di particolari nicchie, quelle che non hanno (ancora) il problema di una concorrenza senza frontiere. Stare sul mercato è diventato molto difficile: bisogna essere bravi per riuscire ad affrontare la velocità dei cambiamenti, la forza, la variabilità e l'imprevedibilità delle situazioni.

La dinamicità e la competitività della concorrenza, sia quella dei paesi emergenti, sia quella più tradizionale dei paesi più industrializzati, forte ed aggressiva come non mai, obbligano al miglioramento continuo dell'offerta.

Alle nostre riconosciute skill di immagine, stile e creatività è indispensabile affiancare caratteristiche sempre più elevate di qualità, affidabilità, sicurezza, servizio. Nel contempo però, non possiamo più contare su un vantaggio competitivo che eravamo abituati ad avere: quello del prezzo. Sono molteplici le cause che hanno contribuito a cambiare la situazione, ad indebolire la nostra posizione o come forse è più corretto dire, ad evidenziare le nostre debolezze.

I segni più vistosi della competizione si notano sui listini: i nostri prezzi industriali sono costretti ad una "dieta" rigidissima; una cura dimagrante ai limiti dell'anoressia. Di fatto, si è innescato un fenomeno di erosione dei margini che oltre a costituire già di per sé, motivo di grossa preoccupazione, comporta un indubbio incremento delle quote di rischio riducendo nel contempo, gli spazi di manovra. Questa è la cruda realtà; di qui dunque, deve partire la risalita.

Il primo passo, come sempre, è rappresentato dal punto della situazione: sapere con chiarezza e precisione dove ci si trova. Una volta di più, necessita una gestione di alto profilo, affinata sino ai minimi dettagli; non sono più permesse considerazioni e/o improvvisazioni estemporanee. Viceversa, bisogna saper valutare molto bene quello che si sta facendo, avere chiari i punti di forza e chiarissimi quelli di debolezza dei nostri prodotti, per orientare le azioni correttive. Per decidere, bisogna sapere, conoscere bene. Solo con questa consapevolezza, potremo contare con maggior fiducia sul proverbiale intuito e sulla genialità, che ci contraddistinguono in tutto il mondo.

Obiettivo di queste righe è dunque quello di aggiungere un granello di sabbia, alla montagna del sapere necessario, presentando un originale ed innovativo parametro economico, denominato **Margine/Ora**.

È un parametro semplice che determina in modo nuovo, la rimuneratività dei prodotti: in pratica, ne definisce il margine conseguente ad un'ora di produzione. Basandosi su differenti riferimenti, consente di vedere la realtà da un'altra prospettiva, sotto una nuova luce.

Vengono evidenziati aspetti primari dell'intraprendere, sinora mai presi in considerazione, a livello operativo. Le informazioni che se ne ricavano potranno confermare molte delle nostre convinzioni e delle nostre scelte ma allo stesso tempo, diverse altre verranno invece smentite, stravolte nella sostanza, rendendo evidente l'urgenza di importanti cambi di rotta. Vi state chiedendo quale imprevista ed imprevedibile sorta di informazione ci costringerebbe a modificare considerazioni supportate da riconosciuta competenza, stratificate dall'esperienza, a lungo ponderate? Cosa mai potrebbe innescare una tale rivoluzione? Credo che il modo migliore per entrare nel merito, sia un esempio.

Immaginate di avere due ordinativi sulla vostra scrivania:

Il primo, relativo al prodotto **A**, è di 1.000 pezzi; il costo di produzione di **A** è di 10 euro (4 euro per la manodopera, 6 euro per i materiali), il prezzo di vendita è fissato in 20 euro.

Il secondo ordinativo, è relativo ad un prodotto **B**; la quantità è la medesima (1.000 pezzi), il suo costo è di 6 euro (0,5 di manodopera, 5,5 di materiale) il prezzo è 10 euro.

Per vostra informazione, le operazioni del ciclo di lavorazione sono svolte all'interno della stessa struttura produttiva, su posti di lavoro singoli; il costo orario della manodopera è il medesimo (42 euro).

Vi chiedo, concedendovi un tempo max di risposta di un paio di secondi: potendo scegliere, quale ordine preferireste ricevere?

Probabilmente bastava un solo secondo per rispondere **A**:

il fatturato è di 20.000 euro rispetto ai 6.000 di **B**, il margine di contribuzione è del 50% contro il 40% e corrisponde a 10.000 euro invece di 4.000. D'accordo? Chiaro? Ci sono dubbi?

Chiedo scusa per l'insistenza ma volevo proprio evocare almeno l'ombra di un dubbio... perché sarebbe proprio il caso di averne più di uno.

Proviamo a fare un percorso diverso per le nostre considerazioni: notiamo che **A** ha un costo di manodopera pari a otto volte quello di **B**. Dunque, il suo ciclo è otto volte più lungo rispetto a **B** (esattamente 5,71 minuti, contro 0,71); la sua produzione oraria pertanto, è otto volte minore (10,5 pezzi/ora invece di 84).

Quindi, per ottenere i 1.000 pezzi di **A** occorrono 95,2 ore, per i 1.000 pezzi di **B**, 11,9.

Da questi dati possiamo dedurre [*dividendo il margine totale per le ore totali (10.000 : 95,2) oppure, moltiplicando il margine unitario per la produzione oraria (10 x 10,5)*] che producendo **A**, per ogni ora di lavoro, ricaviamo un margine pari a 105 euro mentre producendo **B**, il margine incamerato in un'ora sale a ben 336 euro [*(4.000 : 11,9) o se volete (4 x 84)*]. Con gli impianti "liberi", nuovamente disponibili per altri ordinativi, in un giorno e mezzo anziché dopo due settimane e mezzo.

Sareste ancora disposti a scegliere **A**?

I dati sono indubbiamente choccanti; ma cosa è successo?

Andiamo dritti al nocciolo del concetto: la differente interpretazione degli stessi dati dipende dal criterio con cui si costruisce (e si legge!) il fatturato, ovvero il prezzo di un prodotto. Il metodo tradizionale lo determina applicando una maggiorazione (percentuale) ai costi di produzione.

Senza allontanarci troppo dal nostro problema, diciamo solo che tale incremento ha due scopi: la copertura di tutta una serie di costi che qui definiamo semplicemente spese generali (che non rientrano nei costi diretti del prodotto) e finalmente, quello di generare una quota di utile. Logica conseguenza di questa procedura il postulato che, più alta è la percentuale di "ricarico", maggiore è la nostra soddisfazione. Quello diventa il punto di riferimento. È quindi assolutamente normale che il margine di contribuzione sia espresso quasi esclusivamente in termini percentuali, relativi, piuttosto che fare ricorso ad un valore monetario assoluto, calcolato per differenza fra prezzo e costo di produzione, che obiettivamente, a sé stante, non dice più di tanto.

Di solito, questo è quanto; una volta stabilita la quota di maggiorazione, è molto improbabile che su un prezzo, vengano fatte ulteriori considerazioni. È già difficile ad esempio, che qualcuno verifichi il margine complessivo di una specifica vendita. E potete dare praticamente per certo che nessuno, mai, sappia **quanto si dovrà lavorare, in termini temporali, per guadagnare quella cifra**. Non mi riferisco ovviamente ai tempi di consegna, che dipendono in maniera preponderante dalla lista d'attesa, dalla lunghezza della "coda" prima di entrare in lavorazione, ma al puro tempo di produzione.

Per svariati motivi, non è sempre facile né tanto meno immediato, rendersi conto dei diversi tempi di esecuzione e comunque, sinora, non c'era alcun parametro che permettesse di evidenziare eventuali differenze dando loro una precisa dimensione. Forse si è anche data per scontata un'omogeneità nello svolgimento dei processi produttivi che in realtà non esiste. Resta il fatto che, come abbiamo visto, sono proprio queste diversità a contribuire in misura determinante alla "fortuna" o "sfortuna" di un prodotto, a stabilirne il livello di beneficio economico.

L'abitudine alla mancanza di questa informazione ha finito per nasconderne gli effetti ma semplicemente cambiando contesto, la sua necessità verrebbe rimarcata all'istante.

Se per esempio, foste pagati una discreta cifra per consegnare a domicilio un certo numero di colli, e l'indirizzo fosse quello di un rifugio alpino, è certo che la prima domanda sarebbe: ma quanto tempo occorre per arrivarci? C'è una funivia, un impianto di risalita? Se sì, la cifra pattuita potrebbe essere interessante; in caso contrario, se si dovesse scarpinare per ore su per un lungo e tortuoso sentiero, con il peso in spalla, l'interesse farebbe senz'altro la fine della neve al sole.

Il Margine/Ora, scaturendo dal rapporto fra il fattore economico, costituito dal margine unitario, **e le risorse utilizzate per ottenerlo,** sintetizzate dalla sommatoria dei tempi ciclo dell'intero processo, **consente di valutare in maniera diretta ed immediata la rimuneratività pratica dei nostri articoli.** Non abbiamo più a che fare con un dato relativo com'è una percentuale di margine riferita ad un valore qualsiasi, di cui ignoriamo il tempo necessario ad ottenerlo.

Con il **Margine/Ora** disponiamo di un valore assoluto, preciso e significativo. È come avere uno **speciale contatore che misura la rimunerazione di ogni ora di lavoro**; invece di kwh, **si leggono euro!**

La prospettiva è completamente diversa; ne consegue che al cambiare di visuale, si modifichino i ragionamenti, si introducano nuovi parametri di riferimento.

Lo strumento **Margine/Ora** mette a disposizione i giusti "sensori" per captare la reale convenienza dei processi produttivi: tramite suo si è in grado di evidenziare il livello di output economico degli impianti. In altre parole, possiamo monitorare il livello di capacità (alto o basso) con cui sono state impegnate/saturate, le risorse; ponendoci nel frattempo, nelle condizioni di indirizzare in maniera mirata le azioni correttive e di miglioramento continuo. Cambiano naturalmente, i parametri di riferimento.

Ci serve, ad esempio, un nuovo, preciso, obiettivo economico: «**per ogni ora di produzione, puntiamo ad un margine X**»

Si percepiscono subito, la necessità e la possibilità, di guardare ai nostri prezzi in maniera completamente diversa. Non ci serve più, almeno direttamente, nessuna percentuale di ricarico dei costi; poiché ci siamo prefissati di ricavare X per ogni ora prodotta, quello che ci interessa sapere è:

«**In quante ore fabbrichiamo il prodotto?** Ovvero, **quanti pezzi siamo in grado di produrre, in un'ora?**»

Produttività e guadagno, sono allineati!

Il margine percentuale pur continuando ad essere calcolato, diviene secondario. Rimane un dato significativo ed utile per vari motivi, ma non sarà più da utilizzare per le nostre analisi di rimuneratività; come abbiamo visto, potrebbe falsare in maniera sconvolgente le nostre considerazioni.

Operativamente, la mia esperienza diretta me ne ha dato conferma, è senza dubbio più facile, conveniente e corretto aggiungere, anziché sostituire, al sistema tradizionale di calcolo, l'elaborazione del **Margine/Ora**.

Il nuovo parametro assume la funzione di metro campione, di parametro di riferimento prioritario; decide se concedere, SI o NO, una sorta di nulla osta o pass, al prezzo calcolato come d'abitudine.

La mancata corrispondenza (in alto o in basso) a prestabiliti valori di **Margine/Ora** ci porrà nelle condizioni di decidere se intervenire o meno sul prezzo calcolato e/o se debbano essere pianificate azioni correttive, di miglioramento.

Dato per sottinteso e scontato che nessuno può più permettersi di fare i prezzi che vuole, resta il fatto che il prezzo rappresenta la sintesi del nostro approccio al cliente, a prescindere dai contenuti che dobbiamo e sappiamo dargli. Almeno nei confronti dei concorrenti tradizionali, è indubbio che la competitività del prezzo rappresenta pur sempre un punto di forza.

Nella stragrande maggioranza dei casi, i prezzi hanno una soglia massima imposta dall'esterno, dal mercato, ed una soglia minima fissata invece dall'interno, dalla azienda, a stabilire il limite più basso di rimunerazione che si è disposti ad accettare. Sappiamo che i due limiti sono drammaticamente vicini fra loro, ma il livello "di guardia" è stato sinora determinato da una percentuale di margine. Se analizziamo invece i nostri prezzi sulla base del **Margine/Ora** vedremo che in diversi casi, certamente molti più di quanti si sarebbe potuto immaginare, fermo restando il rispetto del valore di margine orario posto come obiettivo, potremmo determinare prezzi più bassi del solito, anche inferiori alla soglia precedentemente fissata come minima.

Mi rendo conto che detta così, non sembra una cosa in grado di poter scatenare grandi entusiasmi; più che una novità, si potrebbe affermare che è solo l'ennesima conferma dell'inarrestabile picchiata dei prezzi. Tuttavia la differenza c'é ed è anche molto grande: perché ora siamo in grado di soddisfare un determinato parametro di margine orario facendo leva non già su un alto margine unitario, quanto piuttosto, su di un'elevata produzione oraria. Cambiano quindi, ed in maniera notevole, consapevolezza, visione, atteggiamenti, conseguenze. Non si ha più la sensazione di aver fatto un sacrificio, di non aver ricavato quanto si sarebbe dovuto; si è invece certi di mantenere gli obiettivi diminuendo nel contempo, il rischio di scontentare o peggio ancora, di perdere il Cliente.

Riepilogando, produrre articoli con un elevato **Margine/Ora**, significa:

- Percepire un ottimo margine di contribuzione orario anche in assenza di un corrispettivo, elevato, margine percentuale

- Cavalcare la propria competitività; l'entità del **Margine/Ora** può essere garantito da un'alta produttività oraria

- Contare su un'alta produzione oraria significa, quasi sempre, produrre con un ciclo snello, più facile da organizzare e gestire

- Impiegare al meglio (in senso lato) le risorse.

Viceversa, per quegli articoli per i quali non è possibile diminuire ulteriormente il prezzo perché non risulterebbe soddisfatto il prestabilito margine orario (anche per questo parametro peraltro, sarà opportuno fissare un limite minimo) bisognerà rimboccarsi le maniche e vedere di migliorare la situazione. Il **Margine/Ora**, oltre al grande pregio di indicare la direzione, ha un valore intrinseco di una forza portentosa. Innesca una sinergia più unica che rara: mette in linea, in presa diretta, gli obiettivi della vendita, con quelli della produzione.

È stato proprio il pensiero di questa "utopia" a far scoccare la scintilla, a farmi intuire la strada per arrivare al **Margine/Ora**.

Con il **Margine/Ora** anche la ricerca della competitività, cambia radicalmente i suoi riferimenti. Fino a ieri, l'unica strada percorribile per arrivare a migliorare la rimunerazione di un prodotto, non potendo alzare il prezzo, poteva essere solo quella di una riduzione dei costi.

Semplice a dirsi, difficilissimo a farsi, dando per scontato di mantenere la lavorazione in Italia, senza trasferire armi e bagagli in paesi lontani, in aree a basso costo, di manodopera e di materie prime.

D'ora innanzi, abbiamo invece a disposizione un'altra possibilità, un nuova via: aumentare la produzione oraria! Anche se in certe situazioni potrà non essere semplice, mi sento di poter affermare che si tratta di un obiettivo senz'altro più facile da raggiungere rispetto al precedente.

Per quanto chiaro sia il concetto, nella sua semplicità, vorrei brevemente approfondire il concetto di "incremento della produzione" poiché so molto bene quanto delicato sia l'argomento, quanto elevato il rischio di fraintendimenti o errate interpretazioni. Il timore ad esempio, che si vogliano esasperare i ritmi di lavoro può scattare molto facilmente; ma un incremento di produzione derivato da prestazioni straordinarie del personale, oltre che difficili da ottenere, sarebbero di modesta entità (livelli elevati di rendimento erano oggettivamente una rarità anche quando si lavorava a cottimo) e soprattutto, non sarebbero garantiti per definizione. L'unica certezza sarebbe quella di una notevole serie di contrasti e del probabile innesco di dannosi conflitti.

Prescindendo dunque dal ritmo di lavoro, la riduzione dei tempi del ciclo di lavorazione potrebbe essere perseguita con forti investimenti in automazione; oltre alla incongruenza di un grande sforzo economico in un periodo di vacche magre, resta più di una perplessità sui risultati che se ne otterrebbero: innanzi tutto, il livello di automazione, in generale, è già piuttosto elevato ed è perciò assai improbabile ricavarne consistenti miglioramenti ovvero, proporzionati al denaro speso. Un'automazione molto "spinta" inoltre, molto difficilmente potrebbe mantenere quei requisiti di flessibilità, oggi indispensabili. I rapporti con i lavoratori che vedrebbero materializzarsi, in questo caso, uno degli spettri più temuti, la perdita del posto di lavoro, resterebbero infine, di aperta conflittualità.

L'aumento di produzione oraria si può ottenere in molti modi, con la collaborazione di tutti, intervenendo sull'organizzazione, sui metodi di lavoro; con investimenti di modesta entità, si possono ottenere risultati considerevoli, in tempi brevi, in un clima estremamente positivo e coinvolgente. I tempi di esecuzione delle operazioni del ciclo produttivo, specie di quelle più lunghe e complesse, si possono sensibilmente ridurre accorpandole fra loro e suddividendo le varie fasi fra un numero maggiore di addetti. Un'adeguata formazione può garantire la loro interscambiabilità e migliorando l'efficienza del gruppo, si impedisce il sorgere del disagio derivante da ripetitività e monotonia.

Per rendere assolutamente chiaro il concetto, confrontiamo due situazioni: una sarà indicativa dello status quo, l'altra del traguardo da raggiungere. Provate a pensare di dover sostituire (da soli) una ruota sulla vostra auto; immaginatevi le varie fasi dell'operazione, le difficoltà, i disagi. Il tempo impiegato sarà vicino alla mezz'ora, ben che vada, quasi certamente più alto.

Ora andate con la mente ad una sosta ai box di una formula 1, per un pit stop: tralasciando il rifornimento che non rientra nel nostro esempio, vediamo che in un lampo vengono sostituiti quattro pneumatici, si liberano i radiatori da foglie e cartacce, si da una regolata agli alettoni, si pulisce la visiera del casco; talvolta viene persino dato da bere al pilota. Il tutto in sei – otto secondi, al max.

Se paragoniamo le due operazioni, la differenza è talmente abissale che riesce persino difficile focalizzare che si parla dello stesso lavoro. Il primo pensiero che viene in mente è che il confronto sia addirittura improponibile. Ma proviamo ad entrare nel dettaglio, a vedere cosa ha fatto la differenza.

- Non la qualità degli addetti: quelli del team di F1 sono senz'altro meccanici molto bravi, anzi speciali, ma nello specifico ciascuno di loro esegue una sola operazione, in sé molto semplice, che richiede un tempo minimo. Uno svita un bullone, uno toglie la ruota usurata, uno mette quella nuova; chiunque potrebbe farlo.

- Non le attrezzature: sono di assoluta semplicità, addirittura banali. Due cric (a leva anziché a manovella) invece di uno, per alzare completamente la macchina mantenendola diritta e delle normalissime pistole pneumatiche per svitare e avvitare i bulloni.

- Modifiche speciali: la razionalizzazione più impegnativa sembra essere quella che le ruote sono bloccate con un solo bullone, grande, invece di quattro piccoli. Non dovrebbe servire lo staff della NASA per arrivarci.

8 Organizzazione. Forse può sembrare la cosa più difficile da fare, trovare quella perfetta sincronia di movimenti che consente a tante persone di operare in uno spazio ristretto, senza intralciarsi fra loro. Ma, come abbiamo appena visto, si tratta di cose affatto trascendentali, perciò si tratta solo di mettersi lì, con un po' di pazienza, e provare. Scoprendo magari, che le persone apprezzano di essere state coinvolte, piuttosto che lamentarsene.

In conclusione, a prescindere dalle varie ottimizzazioni, peraltro molto semplici da realizzare, la grande differenza di tempo fra il cambio di una gomma della nostra auto e quello della formula 1, dipende sostanzialmente dal diverso numero di addetti: diciotto anziché uno! Se vi resta il dubbio del costo della squadra, toglietevi il pensiero: l'operazione vi costerebbe solo un decimo (o qualcosa meno) di quello che spendereste con un solo addetto! Potete verificarlo in un attimo, con un paio di conti, valorizzando i tempi impiegati con il costo di manodopera.

E nel frattempo, il tempo di esecuzione, scendendo del 99,5%, porterebbe la "produzione" oraria da 2 a 461 pz/h!

Certo, ho utilizzato un caso molto particolare per esporre il concetto, ma validità e correttezza sono ribadite ed evidenziate, piuttosto che sminuite, dalla sua specificità.

Emerge, con grande chiarezza, tutta la forza del **Margine/Ora**: oltre a dimensionare con grande efficacia, l'esatta rimuneratività di un prodotto, modifica l'approccio gestionale, favorendo nuovi criteri di analisi e valutazione (economica) dei processi produttivi. Dimostrandosi anche uno straordinario strumento di miglioramento. I risultati, anche se ottenuti semplicemente, da un miglior utilizzo degli impianti e da una migliore organizzazione del personale, sono importanti. Anzi, proprio in virtù di questa semplicità, sono straordinariamente importanti. E rappresentativi del potenziale ancora inespresso, dei benefici concreti, che si possono ulteriormente attivare e ottenere, anche da situazioni "mature", in apparenza ormai sterili, le cui possibilità di sviluppo sembrerebbero solo legate a pesanti investimenti.

In ultima analisi, gli interventi a sostegno e beneficio del **Margine/Ora**, a cominciare dai set up, per finire alle possibilità di abbinamento, isole di lavoro, miglioramento del flusso ecc. ecc, sia detto a suo onore e gloria, si sovrappongono perfettamente all'applicazione pratica dei concetti del *Kaizen*, del *Just in time*, del *Lean thinking*, del *Six Sigma*, del *Lean six sigma*. Nomi, definizioni, distintivi di teorie ormai familiari, cavalli di battaglia dei guru dell'organizzazione, entrate a far parte della nostra mentalità, del nostro bagaglio professionale anche se, bisogna dirlo, con colpevole ritardo.

La ricerca della competitività passa, obbligatoriamente, attraverso la padronanza e l'utilizzo di questi strumenti, dalla ricerca continua del miglioramento, della razionalizzazione, della individuazione ed eliminazione degli sprechi.

L'obiettivo è duplice, dobbiamo riuscire a soddisfare Cliente e Azionisti!

Non vi resta che cominciare a cimentarvi con il **Margine/Ora**.[*]

---

[*] *Per approfondimenti, dettagli, modalità di calcolo, il libro «Margine/Ora» di Tarcisio Pollini, è disponibile on line su www.lulu.com/it, area libri/economia e commercio. E' possibile anche il download del file.*

10. Sinergie

In questo ultimo capitolo vedremo come rafforzare la struttura di base dell'impresa. Resta inteso che queste fondamenta dello sviluppo aziendale, per non precludere alcuna possibilità di crescita, non potranno mai considerarsi definitivamente completate: non esiste un punto d'arrivo; si tratta di un processo evolutivo dinamico, in perenne aggiornamento. Ciò detto, il management, da parte sua, non può "solamente" caratterizzarsi per l'attenzione verso le persone e per il clima aziendale, ma deve dimostrare la forza e la validità del proprio modello dirigenziale portando l'azienda ad ottenere risultati positivi.

È l'impatto con la concretezza dei numeri, a dare la misura delle intenzioni e delle aspettative: se un diverso modo di guidare un'industria non portasse ad un tangibile miglioramento, non avrebbe alcuna credibilità e sarebbe insensato proporlo. A seguito di riscontri negativi, anche potendo addurre argomentazioni a difesa del proprio operato, la dirigenza si troverebbe, in ogni caso, di fronte ad alcuni dati di fatto, incontrovertibili: la sua inadeguatezza e le responsabilità del sostanziale fallimento della teoria applicata e infine, delle sue conseguenze. Una, assai pesante, è il sicuro deterioramento dell'ambiente che si era faticosamente cercato di costruire. Come potrebbe del resto, protrarsi un'atmosfera di positività, collaborazione, motivazione, entusiasmo, se dall'impegno profuso scaturissero soltanto esiti negativi o comunque inferiori alle aspettative? Cattivi risultati giungono inoltre a compromettere anche una parte piuttosto consistente del lavoro di preparazione, propedeutico alla crescita delle persone e dell'azienda.

Dipenderà perciò dalla competenza manageriale, la possibilità di ottenere consuntivi soddisfacenti, la cui qualità sarà tanto più alta - qui sta la sinergia - quanto più ci si sarà adoperati nella costruzione della base dell'impresa. È un riferimento circolare. Se si vuole che il coinvolgimento delle persone abbia un risvolto concreto e sappia "scaricare" tutto il suo potenziale in decisive accelerazioni verso gli obiettivi prefissati, bisogna che il management utilizzi perfettamente o perlomeno in modo adeguato, gli aspetti chiave della gestione industriale. Ovvero, le persone possono fornire risultati straordinari solo se coinvolte su argomenti di punta, determinanti e decisivi al buon andamento dell'azienda come: budget, piani di miglioramento, investimenti, ricerca e sviluppo, qualità, politiche di partnership, comunicazione.

Qualcuno potrà obiettare che gli strumenti appena citati sono oggetto di normale amministrazione ma, forse, sarebbe più esatto dire che *dovrebbero esserlo*, perché nell'ordinaria quotidianità di tante piccole e medie aziende, sono spesso sostituiti da una navigazione a vista, da una gestione "alla giornata".

È anche vero che in certi momenti, pur avendo pianificato il percorso, non è affatto facile riuscire a proseguire lungo la direttrice faticosamente tracciata; anzi, ci sono occasioni in cui sembra proprio impossibile. Quando si è travolti da una tempesta di imprevisti, di inconvenienti, di urgenze, diventa difficile persino vedere al di là del proprio naso. Ciò nonostante, bisogna dirlo con estrema chiarezza, resta imprescindibile il legame, fra le priorità di un gestione manageriale di alto livello e gli aspetti di una politica aziendale orientata al personale. Sono aspetti assolutamente complementari, che si sostengono a vicenda. Anzi, è senza dubbio più corretto affermare che sono in un rapporto di simbiosi: non possono vivere, separati fra loro.

Nel momento stesso in cui ci si facesse scavalcare dalla contingenza dei fatti e si smettesse di guardare lontano, di utilizzare gli strumenti giusti per mantenere la rotta, le persone si ritroverebbero in balia degli elementi. Nell'incertezza, inavvertitamente ma inesorabilmente, si abbasserebbero i livelli di fiducia e di entusiasmo; intaccata la motivazione, le prestazioni perderebbero spinta e brillantezza. In queste situazioni lo spirito di squadra si guasta, spuntano personalismi e critiche maligne. Il clima aziendale insomma, se abbandonato a se stesso, risentirebbe di questa sua precarietà in modo tale da risultarne compromesso e da rendere poi assai impegnativo il ritorno al "sereno".

Bisogna dunque che quegli strumenti di gestione industriale indicati come indispensabili, ancor più che utili e necessari, siano utilizzati con continuità e coerenza, senza pause; men che meno, nei momenti di difficoltà. Solo così possono garantire al management, il pieno e costante apporto del personale. È con le procedure standardizzate che occorre, innanzi tutto, fare i conti. Ogni giorno. Anche l'opportunità di applicare nuovi strumenti, come il Margine/Ora, è resa possibile solo dal loro aggancio ad un sistema gestionale consolidato, non occasionale. Allora, l'approccio e lo sviluppo dei punti chiave della conduzione aziendale, in armonia con la filosofia di comportamento, i riferimenti e le competenze qui presentati potranno consentire, alla vostra azienda, un decisivo salto di qualità. Un'ultima precisazione prima di entrare nel merito. Ogni punto viene solo accennato - praticamente ne è appena ampliato il titolo - in quanto si tratta di argomenti ben noti e per quali esiste già una sterminata disponibilità di opzioni di approfondimento. Ciò che desidero qui evidenziare sono solo alcuni aspetti particolari, utili a fornire una chiave di lettura organica allo stile manageriale qui configurato.

L'occasione è propizia per realizzare qualche utile comparazione, per riflettere sulla realtà della propria azienda. Oltre a valutare delle ipotesi di intervento, si potrà allargare il campo d'applicazione ad altri scenari, più o meno contigui a quelli presentati in queste pagine, adattandoli al vostro contesto, personalizzandone la messa in opera.

Il budget. Molte piccole aziende hanno difficoltà a fare un budget; o forse, in qualche caso, il loro titolare non è del tutto convinto della sua utilità, lo ritiene un esercizio un po' fine a sé stesso. Ma lavorare senza un budget è come guidare, di notte, a fari spenti. Ogni settore dell'azienda, ogni funzione, *deve* avere il suo budget, se lo deve cioè elaborare direttamente, con la partecipazione più estesa possibile. Non può venire dall'alto, essere dispensato per gentile concessione.

Il budget è il principale strumento d'informazione e di riferimento; le persone dell'azienda, hanno bisogno di sapere da dove si parte, dove si vuole arrivare, dove ci si trova, ma per poter condividere il tutto, debbono assolutamente partecipare alla sua "costruzione". Ogni budget sarà frazionato in maniera da poterlo monitorare costantemente ed eventualmente, correggere.

Tutti i budget debbono avere come riferimento, il padre di tutti i budget: quello dello vendite. Da questo, a cascata, si ricavano le previsioni di acquisti, produzione, personale e degli investimenti. Solo sapendo quanto si prevede di fatturare, si può ragionare su quanto si può spendere. Difficile, per non dire impossibile, che un'azienda possa essere efficiente, competitiva, senza un budget delle vendite.

La Direzione Generale, ovvero la proprietà, avrà cura di fornire le linee guida per i budget, i punti di riferimento per l'anno successivo: previsioni generali di andamento del mercato, previsioni di settore, eventuali variazioni di prezzi, attività promozionali, sconti, condizioni di pagamento, nuovi prodotti, documentazione, pubblicità; gli obiettivi che l'azienda si prefigge.

Dover fare previsioni di mercato, esprimersi sulle tendenze dell'economia, può incutere un certo timore, sollevare dubbi ed incertezze; certamente non è facile, anche grandi esperti, del resto, le sbagliano spesso, ciò nonostante vorrei invitare a non preoccuparsene troppo. Sarà sufficiente esprimere il proprio parere in merito; si tratterà comunque dell'opinione che poggia sulle migliori basi di attendibilità reperibili in azienda.

Al di là di questo, bisogna tener conto del fatto che il fatturato di una piccola o media industria, rappresenta un'entità talmente piccola rispetto al volume d'affari del mercato totale ed una percentuale assai ridotta del mercato di settore - anche essendone leader -. Pertanto, non c'è situazione economica che tenga, che possa impedirvi cioè, di realizzare il vostro budget. Anche in situazione di crisi, la briciola rappresentata dal fatturato della vostra azienda, sarà (quasi) sempre fattibile; basterà darsi da fare.

Partnership. Quando si parla di clima aziendale, di attenzione per le persone, è scontato che ci si riferisca esclusivamente alla gente che lavora in azienda, a chi ogni giorno ne varca i cancelli e "marca" la presenza con il suo badge. I buoni propositi, quando ci sono, non hanno permesso di uscita, restano rinchiusi all'interno dei confini aziendali. Assai difficile che qualche attenzione sia rivolta a chi, pur lavorando per noi, svolge la sua opera in un altro stabilimento, con una diversa ragione sociale.

Mi riferisco, ovviamente, ai fornitori di materie prime e semilavorati che salvo rarissime eccezioni, non sono presi in considerazione dai nostri progetti di miglioramento e di razionalizzazione, sui quali si cerca invece, assai spesso, di scaricare tutte le inefficienze della nostra organizzazione. Nonostante siano nostri partner, nonostante l'assoluto bisogno di qualità, di prezzo, di consegne veloci e puntuali, si finisce per complicare loro la vita e metterli in difficoltà; in nome della *nostra* competitività. Se non fosse che è proprio presso i fornitori, che essa trae origine. Come si può pensare di offrire ai nostri Clienti un'elevata qualità del prodotto e del servizio quando entrambe, vengono messe in crisi già all'inizio della filiera produttiva? Per quanto paradossale sia voler coltivare una pianta sana e robusta, avvelenandone le radici, questo è l'irresponsabile atteggiamento di diverse aziende.

È tempo di una netta presa di posizione e di una decisa inversione di tendenza, nelle relazioni con i fornitori: è necessario ed opportuno che essi siano considerati parte integrante del nostro progetto. Molte delle loro difficoltà (che poi si rifletteranno, inevitabilmente, su di noi) nascono dal non disporre di previsioni di consumo e di riflesso, dalla mancanza di previsioni d'acquisto, quindi, dall'incertezza del rinnovo degli ordinativi. Altri problemi derivano da un'eccessiva polverizzazione degli stessi e da un'elevata frequenza per quantità contenute, nel tentativo di tenere sotto controllo le giacenze.

Il primo passo nella giusta direzione, sarà rappresentato dalla stesura di piani di approvvigionamento, a cominciare dai materiali più importanti, in coerenza con il budget e con il pieno coinvolgimento dei fornitori.

Qualità. Si è accennato più volte all'imprescindibile necessità di un'elevata qualità del prodotto e del servizio. Senza qualità, la competitività è pura chimera.

La qualità comincia dalle materie prime e dai semilavorati impiegati nella lavorazione e nel processo di trasformazione, all'interno dell'azienda, dovrà essere monitorata passo, passo;

operazione per operazione, fase per fase. Tutto il personale deve essere coinvolto; ognuno deve saper verificare se il suo lavoro è corretto o meno. Qualcuno potrebbe non essere in grado di apportare eventuali correzioni, ma ognuno deve essere capace di valutare. Ciascuno deve essere responsabile della qualità che produce potendo contare, in caso di bisogno, sull'aiuto del proprio capo reparto.

Nel limite del consentito dalle caratteristiche degli impianti, favorite la creazione di isole di lavoro in cui si sviluppi l'intero ciclo produttivo, sino al prodotto finito, pronto per la spedizione. Questo tipo di organizzazione, oltre a favorire una maggiore professionalità della manodopera, determina maggior interesse per il lavoro svolto, concede la soddisfazione di vederlo concretizzato, garantisce una migliore efficienza, riduce trasporti interni ed operazioni di stivaggio e finalmente, agevola in maniera decisiva la qualità e la garanzia del suo mantenimento.

Piano di miglioramento. Ciascun responsabile, con l'aiuto di tutti i propri collaboratori deve elaborare, contestualmente al proprio budget, un piano di miglioramento da attuare, a costo zero, o assai prossimo allo zero, in corso d'anno. Gli obiettivi saranno logicamente diversi a seconda delle funzioni ma il filo conduttore che li unirà tutti quanti, sarà a doppia polarità:

- da un lato si perseguiranno le possibili riduzioni. Il minor impiego di risorse, quindi il risparmio, la progressiva riduzione degli sprechi - puntando, ove possibile - al livello zero;

- dall'altro lato, viceversa, saranno da individuare e concretizzare le possibilità di incremento delle prestazioni, in senso lato. Un miglior sfruttamento delle risorse già a disposizione, tramite una maggior efficienza, una razionalizzazione dei compiti, la semplificazione di procedure, con l'incremento della qualità, della precisione, della rapidità.

Nessuno conosce meglio del personale che vi opera tutti i santi giorni, ciò che succede in ogni postazione lavorativa; solo loro, sono padroni dei dettagli, delle variabili. Probabilmente avranno bisogno di qualche aiuto: si sa che l'abitudine tende a sfuocare piuttosto che ad evidenziare, ma se sarete capaci di dialogare, e di ascoltare, potrete ricavarne enormi benefici. L'obiettivo del miglioramento, oltre a costituire un importante mezzo di progresso, può e deve rappresentare l'aspetto più stimolante di ogni giornata lavorativa. Qualsiasi cosa è migliorabile; sempre. La fatica maggiore è rappresentata, senza dubbio, dall'imbarazzo della scelta.

Ricerca e sviluppo. Il cuore dell'argomento è il prodotto, la sua qualità intrinseca, le sue prestazioni, la sua idoneità a nuovi usi, il suo costo. Dunque, come abbiamo sottolineato in più occasioni, abbiamo a che fare con uno dei punti chiave della competitività. Abbiamo visto, parlando di bagaglio culturale, che la competenza tecnica è certamente quella più presente e maggiormente disponibile in azienda; ci sarebbero dunque i migliori presupposti per affrontare l'argomento, se non si fosse troppo spesso danneggiati da una patologica carenza. Si tratta di un impedimento, una sorta di blocco, del quale, pur non volendo generalizzare, si ha facilmente ampio riscontro poiché deriva da una mentalità comune assai estesa, tutta italiana, di poca propensione al metodo, alla costanza metodica del progresso, giorno per giorno.

In pratica, finché va tutto bene, la tendenza è quella di lasciare andare le cose, di non toccare nulla, di pensare ad altro. Solo quando si è ridotti in condizioni disperate, ormai con l'acqua alla gola, si tirano fuori energie pazzesche e capacità impreviste ed imprevedibili. Da noi lo sviluppo non si fa con scale i cui gradini, per agevolare il passo, abbiano un'alzata minima... no, no: da noi, si fa il salto con l'asta!

Se ci si deve alzare, non lo si fa per dieci centimetri, ma quando poi si è costretti a muoversi, bisogna saltare almeno sino al primo piano, per via del gap accumulato.

Solo qualche anno addietro, non si riuscivano ad avere attenzione e/o disponibilità, nemmeno per inserire piccole attrezzature di supporto ad una lavorazione poi, in quattro e quattr'otto si è passati a processi produttivi completamente automatizzati. Ormai è chiaro a tutti però, che non si può andare avanti così: la cosa ha funzionato - bene o male - solo perché si era ad un livello basso di sviluppo, ma più ci si evolve, più si fa difficile. Sino a divenire impossibile.

La cultura del miglioramento continuo - plus dei nuovi manager - è invece, senza dubbio alcuno, uno dei valori più alti che un'azienda possa attivare e come detto a più riprese, è in questo ambito di ricerca e sviluppo tecnico, che essa raggiunge l'acme. La sua valenza è duplice, poiché le sue ricadute hanno un effetto benefico in due distinte direzioni: verso l'esterno, ovvero verso il mercato, nei confronti dei Clienti e verso l'interno, nei confronti dell'azienda stessa, del processo produttivo, delle persone che ne vi partecipano.

La tensione positiva di tutti, responsabili, tecnici, di ciascun collaboratore, può essere tenuta alta solo da obiettivi a loro volta, alti. L'orientamento verso gestioni da basso profilo e obiettivi di mera sopravvivenza - sulla cui opportunità ed efficacia, fra l'altro, si potrebbe sollevare più di una obiezione - non avrebbero certamente il potere di creare una squadra, non dico vincente, ma neanche lontanamente competitiva, attiva, vivace. Difficile andare veloci se si tirano i remi in barca.

È chiaro che qualcuno deve fare i conti con la disponibilità economica perciò, bisogna essere bravi a sfruttare al meglio la scarsità di risorse; in tempi di vacche magre, diventa molto importante, saper scegliere.

Lo sviluppo, gli investimenti, debbono essere collocati su due piani diversi: l'alta direzione sarà pienamente coinvolta in fase di analisi e valutazione, oltre che decisionale, per i grandi progetti di investimento, mentre la gestione dei piccoli progetti, tramite i quali è possibile ottenere significativi progressi a fronte di un impegno economico molto contenuto, sarà maggiormente decentrata.

Comunicazione. Il riferimento ai concetti di immagine, marketing, va a toccare uno dei punti chiave dell'aspetto commerciale e, allo stesso tempo, uno degli aspetti più trascurati da parte delle aziende piccole e/o medio-piccole. Probabilmente, il timore di costi elevati, l'incertezza del ritorno economico in tempi brevi, bloccano le iniziative in proposito.

Molte industrie, produttrici di articoli professionali, o destinati ad altre aziende per l'impiego in altri processi costruttivi, o montati come componenti di altri beni, ritengono, in genere, di dover particolarmente curare gli aspetti tecnici del loro prodotto e di poter affidare a questo tipo di comunicazione, l'immagine della propria azienda. Le caratteristiche tecniche, in casi come quelli appena elencati, sono senza dubbio importanti e sono certamente distintive del prodotto; tuttavia, affidarsi esclusivamente a grafici, disegni tecnici, per quanto indirizzati a gente del mestiere, capace di interessarsi ad una tabella di tolleranze in centesimi di millimetro, è assai improbabile che possa produrre un'immagine particolarmente accattivante. Capita infatti piuttosto spesso, di vedere listini, cataloghi, depliants, di una tristezza unica.

Ora, non si tratta di affidarsi ad un guru della pubblicità, né a sofisticati centri specializzati, ma mi sento di poter affermare che, in questo genere di cose, il fai da te, è quanto di più inopportuno si possa immaginare. Sarà il caso che ciascuno faccia il proprio mestiere e che ci si rivolga a qualche serio professionista, sicuramente disponibile su piazza, a costi abbordabilissimi.

Per entrare in argomento, ho fatto riferimento all'immagine aziendale veicolata dalla documentazione aziendale ma è certamente ancora più importante l'immagine implicita, trasmessa dal prodotto stesso, anche quando si tratta di un articolo molto tecnico; anzi, proprio in questi casi, il margine di manovra è certamente molto più ampio.

La comunicazione, l'immagine, sono concetti che incontrano scarsi favori in fabbrica; se si chiede un parere a qualcuno della produzione, è facile che si lasci andare a considerazioni piuttosto pesanti. Per chi è sollecitato al rispetto di tempi di lavoro, espressi in minuti e frazioni di minuto, è logico pensare che si tratti di veri e propri sprechi, di un modo di sperperare e vanificare la sua fatica.

Per quanto comprensibile, si tratta di un macroscopico errore di valutazione di cui deve essere reso cosciente chi lo commette. Perché viceversa, vendere le maggiori quantità possibili, alle migliori condizioni è, in assoluto, ciò di cui qualsiasi azienda ha più bisogno. E per la vendita, la comunicazione, l'immagine, sono strumenti formidabili. Intendiamoci, anche in questo campo, come in tutti i campi del lavoro, della vita, c'è chi è bravo, chi è speciale, chi è mediocre, chi fa più danni della grandine, ma lo strumento in sé, è più che importante. L'immagine che accompagna il prodotto, se particolarmente azzeccata, può perfino travalicarlo, arrivare ad occupare il centro della scena, al posto suo. Attraverso l'immagine, il Cliente, può giungere a soddisfare un suo desiderio latente - sì, proprio uno di quei sei che abbiamo analizzato in uno dei capitoli precedenti -.

Se si realizza questa ipotesi, la conseguenza è davvero straordinaria: anziché dover essere noi a fare la fatica di convincerlo a comperare il nostro prodotto, sarà il Cliente che avrà voglia di comprarlo.

Questo è quello che un ufficio marketing deve riuscire a fare: mettere il Cliente e le sue necessità, al centro delle attenzioni, resistendo alla tentazione di rubargli la scena, ponendo impropriamente sotto i riflettori la propria azienda, in un controproducente esibizionismo auto-celebrativo.

Non va infine lasciato in secondo piano, un altro aspetto della comunicazione; al di là della continua ricerca di nuovi mercati e nuovi Clienti, ogni azienda ha l'obiettivo, anzi di più, il preciso dovere, di soddisfare e fidelizzare quelli già in essere. Diversi segnali in tal senso, possono essere preparati e lanciati in maniera mirata, ma moltissimi altri partiranno e giungeranno a destinazione, in completa autonomia, praticamente in automatico. I segnali "indipendenti" che arrivano ai Clienti sono fondamentali, sono quelli che possono fornire un sostegno decisivo o rappresentare, viceversa, un ostacolo insormontabile al raggiungimento dello scopo, poiché derivano dalla qualità del prodotto e del servizio, quindi, in ultima analisi, dalla qualità del lavoro e dai comportamenti delle persone.

Una volta di più insomma, sono gli uomini e le donne che fanno parte dell'azienda, a partire dai suoi responsabili, con la loro livello di competenza, dedizione, attenzione, precisione, premura, disponibilità, gentilezza, serietà, correttezza, coerenza, affidabilità, a determinare l'immagine dell'azienda stessa sul mercato, a spedire con incessante continuità, precisi messaggi a ciascun singolo Cliente.

Ogni azione costituisce il pezzo di un puzzle che andrà progressivamente a definire, l'indice di gradimento dell'impresa. Proprio perché si tratta di un puzzle, bisogna porre grande attenzione a non inserire pezzi sbagliati, estranei al mosaico: anche una singola azione, o comportamento, discordante con l'immagine trasmessa dall'azienda, stonerà in maniera così acuta da attirare l'attenzione più su di sé, che su tutto il resto del lavoro. Con effetti negativi, incredibilmente sproporzionati rispetto all'oggettività del fatto.

L'importanza, l'assoluta priorità degli strumenti e delle attività citati in quest'ultimo capitolo, sono accentuate dai riflessi che essi avranno sulle persone, sulla loro competenza, sulla crescita professionale che ne deriverà; il coinvolgimento ed il senso di appartenenza ne risulteranno ulteriormente favoriti, con benefici effetti sui risultati.

Come si può notare inoltre, le azioni cui si fa riferimento, interessano tutte le funzioni dell'azienda; per elevare al massimo la sinergia di cui si parla in questo capitolo, è condizione irrinunciabile, che il contributo arrivi da ogni area aziendale.

La partecipazione deve essere totale, a 360°. Il massimo rendimento della squadra, deriva dalla piena partecipazione di tutti i suoi componenti all'azione e dal pieno utilizzo di tutte le potenzialità. Non è pensabile che qualcuno se ne possa restare a braccia conserte, a guardare gli altri che si arrabattano.

Provate a riflettere infine, per ognuno dei punti di questo ultimo capitolo, su quante persone nella vostra azienda siano ferrate in materia, in che misura sono coinvolte e partecipano alla gestione; è un utile esercizio. E con ogni probabilità, scatenerà un vento impetuoso di sollecitazioni.

In conclusione, se per l'azienda è essenziale ottenere l'optimum dalle persone, è altrettanto imprescindibile dar loro il massimo. E solo un management di qualità, può fare entrambe le cose.

Capita talvolta che qualcuno, semplificando in modo troppo sbrigativo, restringa il concetto al fatto che se si vuole prendere il miele, basterà non dar calci all'alveare; qualcun altro, vorrebbe ricondurre la filosofia di comportamento all'uso di "bastone e carota", però non si ha a che fare con degli asini.

Ma penso che ormai siamo d'accordo, nel riconoscere che le cose non sono così semplici e non possono più, essere trattate così banalmente.